Love Live
OF THE 12 ZODIAC SIGNS

最愛歡迎
12星座
愛情大PK

永續圖書線上購物網　讀品文化事業有限公司

www.foreverbooks.com.tw

yungjiuh@ms45.hinet.net

幻想家系列 54

最受歡迎 12 星座愛情大 PK

編　　著	六分儀
出 版 者	讀品文化事業有限公司
責任編輯	林美娟
封面設計	林鈺恆
美術編輯	王國卿

總 經 銷	永續圖書有限公司
	TEL ／(02)86473663
	FAX ／(02)86473660
劃撥帳號	18669219
地　　址	22103 新北市汐止區大同路三段 194 號 9 樓之 1
	TEL ／(02)86473663
	FAX ／(02)86473660
出 版 日	2018 年 7 月

法律顧問	方圓法律事務所　涂成樞律師
CVS 代理	美璟文化有限公司
	TEL ／(02)27239968
	FAX ／(02)27239668

國家圖書館出版品預行編目資料

最受歡迎 12 星座愛情大 PK ／六分儀編著.
--初版. --新北市 ： 讀品文化, 民 107.07
面；公分. -- （幻想家系列：54）
ISBN　978-986-453-076-2 (25K 平裝)

1. 占星術

292.22　　　　　　　　　　　　　107007654

前言

　　現今的社會，無論是人際交往，還是談情說愛，抑或企業招聘，都把星座列為必填項目。可以看出，越來越多的人關注星座，希望瞭解星座。但每個人對星座都有各自的想法，那麼，你又對自己瞭解多少呢？

　　何謂一見鍾情呢？那種星座比較適合在一起長長久久呢？這一直是許多不幸男和怨女們不斷探討著話題。本書藉由客觀的角度為大家分折利弊，雖說人的個性千奇百怪，星座之說也不一定能準確的命中要害，但是寧可信其有，也不要鐵齒不相信喔！

　　快來一起探索喜歡的人所屬的星座吧！保證你一定會收穫滿分，滿載而歸！

Love Live
OF THE 12 ZODIAC SIGNS

❸ 速配篇

❹ 測試篇

Love Live

OF THE 12 ZODIAC SIGNS

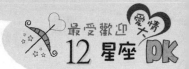
你喜歡的同事會跟你發生 辦公室戀情嗎？

如果對一位異性同事產生了好感，怎樣根據星座來判斷他會不會和你發生戀情呢？如果你看上的是下面的幾種星座，情況就不容樂觀了。

1.摩羯座

顧慮重重就是摩羯座生活的狀態。兔子不吃窩邊草的古訓深深地刻在他們的腦海裡，要他在辦公室裡展開戀情，把工作變得複雜，他們可不願意。

上司的眼光、同事的議論對他們來說，實在太可怕了。不過，摩羯座的人很重感情，雖然會把這份情感埋藏在心裡，但是摩羯座還是會在工作上照顧對方。

二、獅子座

就地取材固然方便，但是給人很節儉的感覺。找一個辦公

室戀人，會不會給別人無能的感覺呢？是不是生活圈子太小了，小得只有在熟人裡下手呢？這可太沒有面子了。獅子座可不做這樣的事，要找還是找一個外面的，最好是和自己的行業差很遠的，那樣同事聚會的時候帶出來才有面子，至少又多出很多話題。

三、雙子座

　　別看雙子座甜言蜜語，在辦公室裡到處灌迷魂湯，好像和這個有點意思，和那個有點曖昧。其實，他的算盤打得好得很，早就把辦公室戀情的種種弊端考慮得清清楚楚，要和他發展辦公室戀情，除非你是他工作上的墊腳石。

四、射手座

　　射手座是最在意自己的隱私的星座，要他突然把自己的私事讓一個「同事」深入瞭解，實在會讓他們不自在。想起被同事們開玩笑、被同事們在背後議論，射手座簡直不寒而慄，所以還是放棄吧！

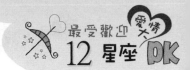

哪個星座的男生最喜歡
馬路邊上看美女

簡單地說，所有男人都喜歡看美女，所以還是原諒他們吧！

❤ 第一名：雙子座

吹著口哨，搖頭晃腦，跟著看，盯著看，一點都不在乎別人的目光，還一副很得意的樣子，這就是雙子座。他們是典型的為看而看，就是要讓別人知道自己在看，如果能看得美女露出緊張或羞澀，他們會更得意。

❤ 第二名：天蠍座

偷偷地看，假裝在看美女旁邊的事物，眼睛卻轉一個大彎，盯著美女的胸部、臀部、大腿等部位看，臉上的神情很自然、很平靜，心裡很激動、很亢奮，這就是十二星座裡最色的星座——天蠍座的表現。

💕 第三名：射手座

　　不光是美女，美女的衣服、提包、配件，都在射手座的觀察範圍之內。射手座是自然、大方地看，如果美女轉身看他一眼，他們也一臉坦然。不過，他們不會盯著一個美女看很久，為一棵樹放棄整個森林不是射手座做的事，他們是東張西望型，看完這個看那個，忙得不亦樂乎。

💕 第四名：白羊座

　　白羊座是一個色鬼輩出的星座，他們看見美女就會雙眼放出嚇人的光彩，如果美女身上還有一陣香風，那簡直是要了他的命。用失魂落魄來形容他們最恰當不過了，那種擋著陌生美女要電話的傻事多半是他們做出來的。

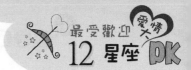

哪些星座容易發生網戀

　　生活節奏如此的快，我們每個人心底都有一份很深的情感不願向朋友、親人傾訴，而網路為我們提供了傾訴的對象。網戀也就隨之而生了。十二星座哪些星座易發生網戀，哪些星座與網戀無緣呢？

 一、白羊座

　　很快就會和別人談起隱私內容，小時候的相片在第二次聊天時就會拿出來給別人看，第三次聊天就要約人見面，結果總是見光死。

 二、金牛座

　　最不可能網戀的星座，即使是同縣市很容易就見面的網友，也最多成為生活中的朋友，當戀人的機率非常低。

三、雙子座

很容易網戀的星座，能說善道的雙子座很討異性的歡心。只是他們明白網戀與現實的差異，縱然網上情人一大堆，也很少會有真正走向生活的。不過，如果對方非常主動，雙子座也是很樂意接受，成功的機率也會很大。可是要雙子座付出真心很難，所以和雙子座網戀的朋友們，要小心受到傷害。

四、巨蟹座

對網戀有一點排斥心理。但是喜歡窩在家裡上網的巨蟹座不知不覺就談起了網戀也沒有什麼好奇怪的。

五、獅子座

獅子座不容易網戀，甚至根本不喜歡上網，即使和人交往，也是心不在焉的樣子，有時候話說到一半就跑得無影無蹤了。

六、處女座

處女座網戀指數很低，即使有點動靜，也持續不了幾天，雙方就會冷淡下來，網上開始，網上結束，根本沒有走向現實的機會。

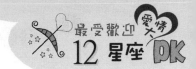

七、天秤座

天秤座打字速度很慢，但是遊戲玩得很好，尤其是那些需要團隊合作的網路遊戲，他們往往是籌畫者、帶頭大哥大姐，所以會有仰慕者。

八、天蠍座

天蠍座是最喜歡搞一夜情的星座。他們往往是網戀的主導者，誘惑著對方，控制著感情的冷暖。生活中比較壓抑的天蠍座在網上可是活躍分子，甚至會非常風趣幽默。他們很喜歡網戀，不過都是玩玩而已的心態，可以說是網路魔鬼。

九、射手座

一向喜歡追求新穎的感覺的射手座對網戀卻沒什麼興趣，他們更喜歡玩遊戲，而不是談人生談理想談戀愛。

十、摩羯座

摩羯座比較悶騷，非常渴望網戀，但是要猶豫很久才會有所行動。所以摩羯座會不會網戀要看具體情況的，要麼徹底和網戀絕緣，要麼在網上愛得死去活來。

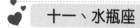 十一、水瓶座

水瓶座網戀指數很高，網戀往往從共同的興趣愛好開始，而不是從感情開始，為感情而感情，網路上的那種遙遠的距離感是他們需要的。所以，如果要見面的話，水瓶座會非常猶豫，除非陷得很深，不能自拔了才會答應見面。

十二、雙魚座

雙魚座網戀指數最高。雙魚座知道網戀很不現實，但是他們要的就是不現實，明知道沒有好結果，還是會飛蛾撲火。

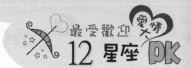
哪個星座是女人眼裡的好男人

人類的擇偶觀總是在悄然變化，哪樣的男人是現在女人眼裡的最佳另一半呢？

 ## 第一名：巨蟹座

特點：顧家

在某些年代，顧家會是沒有出息的代名詞，但是現在的顧家好男人，卻是女人眼裡的最佳人選。也許是生活條件變好了，也許是女性越來越獨立了，沒人能說清楚。不過，話說回來，巨蟹座的男士溫柔、慈祥，確實給了女人更多的發揮空間，給了女性更多的自主權。在這個強調個性的年代，女士們紛紛選擇顧家的男人，也是為了更多的自由。

 ## 第二名：金牛座

特點：多金

帶一個「金」字的金牛，如果只用錢財來衡量他們就太小

看他們了。他們穩重踏實、儒雅有禮、談吐不凡、在愛情中還有點害羞、黏人，很可愛，可謂「出得廳堂、下得廚房」，這樣的好郎君誰不喜歡呢？

❤ 第三名：射手座

特點：陽光

代表陰柔的女性當然需要陽光的照耀了。射手座很有陽剛之氣，也很有孩子氣，所以既是一個好情人，也是一個「好孩子」，能充分滿足女性們的多種需求。而且帶出門的話，射手座的開朗健談、博學多聞、幽默樂觀會給女性們臉上增光。射手座還有一個優點，他們雖然在哪裡都很活躍，但是並不花心，這一點尤其得到女性的青睞，不知不覺就會陶醉在射手座的陽光裡。

怎樣知道的心儀的男孩
是否喜歡自己

　　妳心儀的男孩子是否喜歡自己？透過下面的內容可略知一二。

 一、白羊座

　　白羊座最沉不住氣，如果約會了幾次還沒有對妳表白，不冷不熱的，就不要抱什麼指望了。

 二、金牛座

　　先觀察金牛座願不願意在妳身上花錢，再留意每次和妳見面的時候是不是都把皮鞋擦得油亮，如果兩個問題都是肯定的答案，多半金牛座對妳動心了。

 三、雙子座

雙子座需要長時間的觀察才能確定，因為他們特別善變。不過，如果和妳相處的時候，一向從容的雙子座微微感到緊張，那就比較肯定了。

四、巨蟹座

巨蟹座對什麼人都比較體貼，如果你感到他們對自己很細心，千萬不要急著下結論。人的身上只有眼睛不會撒謊，如果妳發現他偷偷看你，大概就有八九分的勝算了。

五、獅子座

一向呼風喚雨的獅子座如果說起話來突然變得輕聲細語，那就是有六七分可能了，妳可以試著激怒他，如果他忍了下來，那就肯定是對妳動心了。

六、處女座

處女座的自我保護意識很強，如果他對妳沒有什麼防備之心的話，那麼他們可能對妳動心了。這一點可以從平時一些細微的動作看出來，例如，和妳談話時的距離，一起散步時的小動作。有點潔癖的處女座要是不排斥妳進入他的隱私空間，那就肯定是認可妳了。

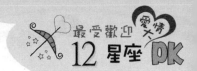

♥ 七、天秤座

這個最好讓妳的朋友或者兄弟去和他接觸試試，如果他表現得比平時對別人還要熱心些，那肯定是看妳的面子啦！

♥ 八、天蠍座

天蠍座試試他會不會為妳吃醋，這招很管用，也很危險。所以，一定要把握好分寸，最好給自己留下清白的證據，以便日後解釋誤會。

♥ 九、射手座

不要以為射手座願意和妳一起玩就是喜歡上了妳，這種判斷方式完全不對。還是看看沒有耐心的射手座在和妳相處的時候是不是顯得特別有耐心吧！

♥ 十、摩羯座

摩羯座很好判斷，如果他和妳在一起的時候，話顯得特別多，那就差不多了，如果他唱歌給妳聽，那就是十拿九穩了。

 十一、水瓶座

　　水瓶座不同於摩羯座，非常難以把握。最好不要猜來猜去，還是鼓起勇氣，直截了當地問他吧！

 十二、雙魚座

　　雙魚座的男生很羞澀，他們和妳談話的時候，面紅耳赤的並非代表他喜歡上了你。最好還是先和他的好朋友拉好關係，從側面打聽一下吧！

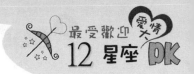

十二星座的女孩應該 怎樣表達自己的愛

新時代的女性為了自己的幸福要大膽一點。喜歡他，就要表現出來。

 ### 一、白羊座

火相星座的白羊座精力充沛，很衝動，他們的愛情往往開始於性的吸引，所以對白羊座來說，要打扮得性感一點。白羊座尤其對女人身上的香味沒有抵抗力，時不時用妳的體香去誘惑他，他很快就會拜倒在妳的石榴裙下。

 ### 二、金牛座

金牛座的男人，喜歡知性的女人，所以要表現出妳的書卷氣來。但是不要弄成女學生的模樣，太嫩了會讓穩重的金牛座猶豫是不是該下手，還是打扮得成熟一點為宜。

三、雙子座

要學會傾聽雙子座的話，他們的話，往往話中有話。如果妳能把握住他的意思，就很容易和他產生精神上的共鳴，如果加上幾句讚美，雙子座就會把妳納入考察的名單了。

四、巨蟹座

如果能燒一手好菜，先征服巨蟹座的胃就好了，實在廚藝不精的話，也沒關係，讚美他的廚藝也能起到同種效果。巨蟹座比較耐煩，可以對他們多嘮叨幾句，他們不僅不會嫌妳囉唆，還會非常感動呢！

五、獅子座

耐煩的傾聽獅子座的誇耀，哪怕是他們講了一百次的陳年舊事。如果妳還能適當地在他情緒高漲的時候給他們點建議，他們會把妳當做賢內助的人選。

六、處女座

耐心加細心，慢慢來打動他們。

七、天秤座

一定要拿出大嫂的風采，善待他的朋友，既要能下廚房做出一桌好菜，也要會熱情地和人打招呼。如果他要和朋友去玩、去喝酒、去打牌，一定要表示支持。

八、天蠍座

基本上只有美女能吸引天蠍座，所以一定要打扮得漂漂亮亮的，為他們整容也在所不惜，而且最好不要告訴他們。保持身材、學會化妝、對他忽冷忽熱，很快就可以征服他了。

九、射手座

千萬不要在射手座的面前哭泣，雖然他們會很有風度的勸解妳，但是下回他就會避著妳了。

十、摩羯座

要會節儉過日子，但是又不能太小氣，把握好尺度，摩羯座就會給妳很高的分數了。摩羯座也很愛美，所以要會打扮，但是不要用太貴的化妝品，那會讓摩羯座發愁——怎麼養活妳。

 十一、水瓶座

水瓶座很在乎精神上的共鳴，要俘獲他的心，還是多瞭解一點他的專業為宜。另外，水瓶座的男子，很在意獨立的空間，很害怕失去自由，所以妳也要表現出很強的獨立性，千萬不要黏人。

十二、雙魚座

雙魚座的男士，非常浪漫，每次注意調節好和他相處時的氣氛，或者拿些可愛的小禮物送他。同時，要表現出妳善良的一面，久而久之，他一定會愛上妳的。

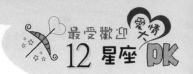

天蠍座的「性」吸引力
來源於何處

　　天蠍星座的人有著強烈的第六感、神祕的探視能力及吸引力，做事常憑直覺，雖然有著敏銳的觀察力，但往往仍靠感覺來決定一切。

　　過人的精力是天蠍座的人深藏不露的本錢，其他人往往想不到這一點而不知防範。他們若是將這份精力應用在正途上，其所具有的持久耐力，能不屈不撓地追求目標，直到完成，能使他們在激烈的競爭中脫穎而出。天蠍座的人的佔有欲、嫉妒心和報復心都極重，不只在情感上如此，其他方面也無法忍受別人的超越，甚至會因而採取冷酷的手段，施以報復。

　　天蠍座的人外表冰冷，而內在熱情，富有好奇心，很有眼光。他們天生具有吸引別人的磁力，周身散發著活力、刺激而迷人的氣息。雖然天蠍座的人天生不乏推理及分析的能力，能夠一眼看穿自己所面臨的難題，但是他的直覺感應卻更為敏銳，因而往往會有不按牌理出牌的表現。

　　由於是水象星座的緣故，天蠍座的人在情感上亦屬多愁善

感的敏銳型，但卻以自我為中心，對別人的觀點亦完全不予理會。通常，他們是深情而且多情的，雖然表面上看起來很平靜、溫文爾雅、沉默寡言，但內心卻是波濤洶湧。他們在決定行動時會表現得大膽積極，屬於敢愛敢恨的類型。天蠍座的人通常是最具有「性」吸引力的，不論男女，對性方面的需要量都很濃厚，具有熱情而深沉神祕的性魅力。如果性生活上得不到滿足的話，他們會覺得在生活上和人格上有一種無可彌補的缺憾。

天蠍座的人無法忍受呆板而單調的職業，喜歡從事有成就感的工作。他們一旦發現工作上缺乏挑戰性時就會另謀他職，甚至會強迫自己置身於麻煩中，努力從逆境中建立起自己的基業，或是放棄已具規模的事業，重新奮鬥。

追根究底的學術研究工作，是天蠍座的人所擅長的項目之一。他們可以全神貫注在長期性的探索當中，並經常選擇和醫學有關的主題（如外科或心理學）當做研究的對象。天蠍座的人也可成為優秀的軍人或水手，他們很有紀律，並能恪遵不誤，或許軍事化的桎梏能夠滿足他近乎自虐的心態。若善用天賦，亦可在偵探、間諜、科學界大有發展。

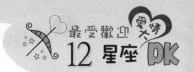

誰是不怕做「剩女」的星女郎

　　誰說「剩女」就意味著感情暗淡，生活枯燥無味？看看十二星座的某些「星女郎」，她們並不愁嫁，而且作為「剩女」的她們活得精采且美麗。

一、處女座

　　處女座成為剩女，歸根究底在於她們太挑剔了。每個男人在處女座的眼裡，都是缺點的集合。不論你的優點有多少，一個小毛病就會被處女座剔除在外。你有再多的優點，處女座也不會放在心上，你有多少缺點，她們可是記錄得清清楚楚。如果社會、家庭的壓力不夠，處女座就會自然當了剩女。

二、獅子座

　　獅子座的女性，總是渴望成為感情和家庭生活的主宰，但是，理想和現實總是有那麼大的差距，女性要在現實生活中佔

據主動，談何容易？久而久之，婚事就拖下來了。驕傲的獅子座可不那麼在乎，有大把的男人等著我去挑呢！這是獅子座女性常說的話，至於幾分真幾分假就只有她們自己知道了。

三、雙子座

還沒玩夠是雙子座女成為剩女的理由，相夫教子的生活令雙子座的女性感到恐懼，一想到廚房，她們就會皺起眉頭。所以，能玩就先玩著，得拖延時且拖延。何況，不同的男人總是帶來不同的感覺，每個男人都是一本書，她要多讀幾本才肯畢業呢！

2

婚姻篇

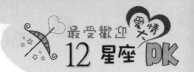
妳是會讓老公感到幸福的星座老婆嗎

十二星座老婆性格特色可謂迥異不同，傳統觀點認為，以下星座的老婆會讓老公感到十分幸福。

一、巨蟹座

家庭就是巨蟹座的生活重點，巨蟹座的妻子把家庭看得比什麼都重要，她不僅會把老公伺候得舒舒服服的，老人、孩子都會受到她的照料。和睦的家庭關係、健康活潑的孩子、一桌豐盛的晚餐，還有什麼能比這更給老公帶來幸福感呢？

二、雙魚座

千依百順、柔情似水，這就是雙魚座的老婆給老公的感覺。雖然有時候有點傻裡傻氣、天真幼稚，但是也可以當成可愛來看待。為老公全心全力的付出，是雙魚座很樂意做的事情，如果能誇她幾句，那她就更帶勁了。用寬容來包容她，她

就會用全部的努力來給予回報，這就是雙魚座的她。

三、天蠍座

　　天蠍座的愛是骨子裡的愛，是沁人肺腑的愛，雖然她們不是那麼好征服，但是一旦愛上你，嫁給了你，那就是你的福氣了。意志堅定、情義深厚的天蠍座妻子，要麼不讓你感動，要麼就是讓你感動得一塌糊塗。拋開天蠍座的情義不論，光是她那安排生活的能力，就足以讓人感到當初追求她時付出的努力是多麼的值得。

四、獅子座

　　獅子座的老婆會霸道一點，有點爭爭吵吵在所難免，但是那並不會影響感情，她們不過是有點耍小性子罷了。看看她選的傢俱，給你買的衣服，都一定是你最滿意的。有了她之後，你是不是突然覺得做什麼事都很有面子了呢？她可是為你花了不少的心思。

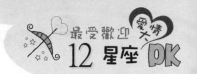

哪些星座女最怕做「孩奴」

為什麼現在有些女人寧願當「車奴」、「房奴」，也堅決不當「孩奴」？透過對以下星座女的分析，可略知一二。

一、天蠍座

害怕身材變形、害怕長斑、害怕變成黃臉婆，這就是天蠍座害怕生孩子的理由。當然，還有一個理由，她喜歡講出來，就是她不是那麼特別喜歡小孩子。

如果實在形勢所迫，不得不生孩子，她也會依偎在老公的懷裡，把「我變成了黃臉婆你還愛不愛我」之類的話問上百遍，直到育嬰雜誌看了上百本，產後的塑身計劃安排周密，她們才會遲遲疑疑地選擇懷孕，這就是愛美的天蠍座。

二、處女座

對小事都很挑三揀四的處女座，在生孩子這件事上，要準備好多年。從心理準備到婦產科醫生的選擇，會是一個漫長的

過程，選擇來選擇去，事到臨頭了，處女座又害怕起來，畏畏縮縮，經過長時間的追問，處女座終於道出了隱情，原來她們怕痛。

三、摩羯座

凡事未雨綢繆的摩羯座，要考慮太多事情了，生孩子後的開銷問題會是她們害怕生孩子的一個主要原因。多了一個花錢的心肝寶貝，會增加多大開支呢？家裡的經濟是不是能很好地運轉呢？這都需要時間來打消顧慮。沒有安全感的摩羯座，會在生孩子的時候更沒有安全感。

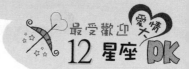

哪些星座女最有幫夫運

幫夫運女子是指那些對丈夫的事業和生活起著幫助作用的賢內助，這樣的女子往往為丈夫全心全意投入，是丈夫的好夥伴，那麼，生活中哪些星座女有幫夫運呢？

 一、處女座

處女座的老婆囉唆是囉唆了點，但是有的男人就是需要囉唆。男主外、女主內的婚姻模式非常適合這種組合發家致富。男人，總是有那麼一點粗心大意，處女座的囉唆不僅可以提醒他們，還可以讓他們少留戀點家庭的溫暖，多在外面打拼。而女人呢？又會精打細算，總體說來，存錢的速度會比較快。

 二、獅子座

獅子座的女性很愛面子，也很有面子。如果你期望事業越做越大，娶一個獅子座的老婆就對了，她們就像拿著鞭子一樣，總是催著男人前進、前進、再前進。她們的老公絕對沒有

滿足於自己小成績的時候,「老張家的房子比我們的裝修得好」、「老李家的汽車比我們的氣派」……獅子座的女性就是這樣支配著丈夫。不過,獅子座的女性很會待人接物,這樣的老婆會提高丈夫在朋友圈子裡的地位,帶來更多的機會。

三、水瓶座

　　水瓶座的女性獨立意識比較強,她們大半不會依賴男人,而是有自己的事業,或者乾脆就是女強人。所以,在丈夫需要幫助的時候,水瓶座能給出強有力的支持。

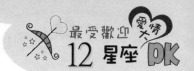

十二星座女人怎樣管教孩子

各人有各人教育孩子的方式。十二星座女當媽媽後，會怎樣管教孩子呢？

一、白羊座

白羊座的媽媽最希望自己的孩子獨立、勇敢。她們對喜歡哭哭啼啼的孩子會比較不耐煩，會有打罵孩子的情況出現。

二、金牛座

金牛座的媽媽會把孩子弄得比較順從自己，所以培養出來的大多是所謂的乖孩子。等到孩子長大，這孩子在小的事情上表現得很乖，例如：不亂花錢、隨手關燈，但在一些大的事情上，孩子就會有自己的想法，不是那麼「乖」了。

三、雙子座

雙子座不大管教自己的孩子，給孩子很大的空間，但是在

比較關鍵的地方，會給孩子重要的提醒。

四、巨蟹座

巨蟹座的母親可能會溺愛自己的孩子，她們在擔心孩子受到傷害方面花費的精力，遠比給孩子規劃一個美好的未來還要多。另外，教育孩子要孝順，也是她們特別重視的。

五、獅子座

獅子座對孩子的要求比較嚴格，她們對小孩子的成績非常關心，一有退步就大發雷霆。另外，她們又特別怕孩子不和自己親熱，屬於矛盾型，結果往往事與願違。

六、處女座

如果說獅子座是在大事上對孩子比較嚴格的話，那處女座的嚴格就更多地體現在小事上，例如：字要寫得工整、不要給別人添麻煩、衣服要穿得規規矩矩。總體來說，處女座媽媽比較嘮叨。

七、天秤座

要講禮貌、要友愛同學、要尊敬老師，這些都是天秤座的媽媽迫不及待要教給孩子的，因為社會規範是天秤座眼裡最重

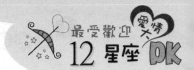

要的基礎知識。

 八、天蠍座

天蠍座愛把孩子打扮得漂漂亮亮，她們對孩子是刀子嘴豆腐心，看起來很嚴厲，但是孩子一旦撒嬌，就什麼要求都答應了。

 九、射手座

射手座的媽媽對孩子不會給他很大的壓力，她們期望孩子能快樂地成長，至於成不成「才」，就不那麼重要了。她們的孩子往往運動細胞比較發達，喜歡蹦蹦跳跳。母子、母女間一般是朋友關係，比較親密，孩子有什麼事都喜歡跟媽媽講。

 十、摩羯座

她們對孩子比較嚴厲，但是實際上很講道理，而且其實她們心也很軟，就是有點放不下架子，有點刻意在孩子面前樹立威嚴。她們的孩子也特別心疼她們，但是不會用語言表達出來。

 十一、水瓶座

水瓶座的媽媽很喜歡給孩子講知識，動物、大自然、生活

常識等都是水瓶座一有機會就不放過的。等到孩子長大，水瓶座的媽媽就會有意疏遠他們。

十二、雙魚座

她們做了媽媽還是和小孩子一樣可愛，她們熱衷於教孩子唱歌、跳舞、畫畫。她們教育出來的孩子容易走向兩個極端：不是特別軟弱，就是特別堅強。

妳知道妳的男人怎樣
藏私房錢嗎

這是個有趣的話題，也是男人的可愛之處，不同星座男有不同的「藏錢」方式。

一、白羊座

吃了很多次虧後才想起存點私房錢的必要性，但是往往停留於想法中，等下次要錢花的時候又開始後悔，後悔完了又忘了，即使藏了點小錢，也很快被發現。

二、金牛座

雖然掌管著金庫的鑰匙，但是會把帳目一一給老婆過目，看起來很老實的樣子。實際上，他們的私房錢多得花不完，他們是怎麼做到的呢？原來他們偷偷在用錢滾錢，而這老婆是不知道的。

三、雙子座

薪資上繳、獎金上繳、補貼上繳、外快上繳一部分，雙子座就是這麼狡猾，反正外快是可多可少的，老婆又查不清。

四、巨蟹座

巨蟹座的藏錢方式是積少成多，一次剋扣那麼一點點，即使被發現，他們辯解起來也是振振有詞：還不給妳留的，還不是給孩子留的，我又沒有亂花！

五、獅子座

獅子座最喜歡藏私房錢，因為他們最需要私房錢。他們存私房錢的方式就是賺差價，尤其是在買電子、機械類物品的時候，五千的東西他要說花了八千，這樣一來三千塊就落入了他的口袋。

六、處女座

處女座喜歡把私房錢藏在角落裡，這裡藏一點，那裡藏一點，即使被發現，也不至於全軍覆沒。「狡兔三窟」的道理他們懂得，屬於私房錢存得比較辛苦的男人。

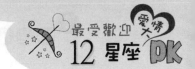

七、天秤座

娶一個不會管得那麼嚴的老婆，然後時不時要錢去打牌，並且輸多贏少，即使老婆發現，一般也就來個心照不宣了。

八、天蠍座

老婆根本搞不清他收入多少，要存點私房錢實在太容易了。

九、射手座

所謂「無事獻殷勤、非奸即盜」，射手座沒錢花的時候，總是先把妳伺候得舒舒服服，然後笑嘻嘻地找妳要錢花。

十、摩羯座

他們的私房錢大多從牙縫裡擠出來，所以，別那麼狠心把他的私房錢逼出來。

十一、水瓶座

憑藉著自己的專業能力，常常給朋友幫幫忙，有吃有喝不說，偶爾也能得到金錢上的報答，他們就老實不客氣地裝入自己的口袋。

十二、雙魚座

　　藏了錢然後連自己都找不到了的就是雙魚座，這樣的悲劇總是發生在他們身上。

哪些星座男被老婆查勤會翻臉

雖然你們已結婚,但他連上哪兒都懶得向妳交代,如果妳查勤他還會翻臉。那麼,哪些星座男最討厭被老婆查勤呢?

一、天秤座

把朋友或者政治當成生活重點的天秤座,最討厭被老婆查勤,雖然當時他們和顏悅色,但是回家必定大發雷霆。與其說他們討厭老婆查勤,不如說他們討厭家庭的束縛。一向不重視家庭的他們,一旦感到家庭給自己的事業或者娛樂帶來阻力,他們就會非常不耐煩,甚至連拋棄家庭的念頭都有了。

二、水瓶座

水瓶座對家庭的設想就是各自發展,獨立自主。當他意識到自己的藍圖變成空想,就會很懊惱,離婚兩字很快會閃現在他的腦海,如果這時候有第三者插足,那就相當的危險了。

 ### 三、射手座

即使結了婚，射手座也非常在意保護自己的隱私，愛好自由、害怕束縛的他們對查勤這樣的事是一種本能的反感。要向另一個人交代自己的行蹤，這是一個他們永遠也想不通的事情。

 ### 四、白羊座

不管是不是正在做壞事被捉，白羊座都會當場火冒三丈，查他們的勤，就要做好打架的準備。如果他們正在做正事，火氣會小一點，持續時間會長一點；如果他們正在做壞事，那就會惱羞成怒，狠狠地發洩一番，然後馬上躲起來。

 ### 五、雙子座

雙子座的心機很多，如果妳意識到要查他的勤，那他多半是真有了什麼問題。不過，他們可是相當會敷衍人的，查勤的事，他們早想好了種種應對之策，一不小心就會被他矇騙了，而且查勤會提高他的警惕，下次會做得更加沒有破綻。

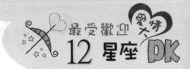

誰對老婆最依戀

　　世上無規定，只允許妻子依戀老公，不允許老公依戀妻子。事實上，有很多星座男都很依戀老婆。

一、摩羯座

　　說起對老婆的依戀，摩羯座高居榜首。摩羯座心事比較多，平時又沉默寡言，所以他們這一輩子大部分話都是和老婆說的。在老婆面前，他可以滔滔不絕說個沒完，在別人面前他們就扳起個嚴肅的臉，不言不語。所以，老婆要是回娘家住幾天，他們就會不停地催她回來。再者，摩羯座比較懶，打掃房間、清洗衣物等事，也較依賴老婆。

二、白羊座

　　短時間的分離會讓白羊座很開心、很快活，但是時間稍微一長，白羊座就會感到煩躁，不斷地打電話，先是撒嬌，後是大吼，然後又撒嬌，總之，非常戲劇化。

三、天蠍座

　　天蠍座不大喜歡在外面玩，也沒有什麼朋友，除了工作，就是家庭，所以對老婆比較依戀。天蠍座的老婆需要扮演性伴侶、最好的朋友、最聽話的學生這三個非常重要的角色，其重要性不言而喻。

四、巨蟹座

　　不在老婆的身旁會讓巨蟹座感到身邊空蕩蕩的、害怕孤單的巨蟹座總希望有人在他的身邊走來走去，那個人最好是自己的家人，最好是自己的老婆，那樣他才能感到安心。如果有孩子在身邊，他還能暫時忍受妻子不在身邊的痛苦，如果是孤單一個人，他會不停地打電話，連一向愛看的電視都沒心思看下去了。

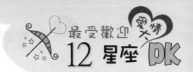

十二星座男誰會晚婚

晚婚受個人性格影響比較多，受生活條件的影響比較少。所以，從占星學上來看晚婚的機率是比較準的。

一、摩羯座

沒有事業基礎不結婚，基本上是摩羯座晚婚的唯一原因。對現實有強烈不安感、對家庭有強烈責任感，對感情有強烈依託感，這是摩羯座的特徵。這三條特徵都把摩羯座往晚婚的路上逼。對現實，摩羯座總希望先存夠錢；對家庭，摩羯座害怕讓女人跟著自己吃苦；對感情，摩羯座信奉的是寧缺毋濫的信條，所以拖著拖著就過了適婚年齡。

二、天秤座

天秤座喜歡的是英雄氣概，而不是兒女情長，即使結婚，也多半是把家庭看成社會的一部分，而不是為了愛情。少了愛情的因素，自然就少了激情，難免會有點慢吞吞的，又沒心思

對女人花言巧語，女人緣比較差一點。

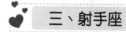

三、射手座

　　射手座比較害怕受到婚姻的束縛，即使給他安排好了相親，也可能正在玩遊戲就隨口推掉了。雖然他們的女人緣不錯，但是他們都把異性當朋友看待，友誼的成分多一點，正是落花有意、流水無情。

四、天蠍座

　　天蠍座的計劃比較長遠，如果婚姻是他們計劃中的一部分，那麼也有早婚的可能性。如果他的心思全都放在事業上，那麼社會、家庭給他再大的壓力他都扛得住。另外，他們把感情埋藏得很深，他如果和誰談起戀愛，很可能只是玩玩的心態。而如果他們真的愛上誰，卻反而不會輕易開口，白白錯過很多機會。

Love Live

OF THE 12 ZODIAC SIGNS

3

速配篇

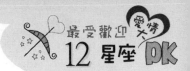
白羊座與其他星座的速配

♥ 白羊座＋白羊座

　　白羊女與白羊男的組合可謂是個火爆的組合，不過兩人都具有缺乏耐心的特質，因此二人感情的穩定度不高，一旦過了熱戀期很有可能出現不少的爭執，致使兩人的戀愛態度越來越不積極，因而戀情會每況愈下，久而久之，二人很有可能互相厭煩，甚至會出現不歡而散的局面。

　　兩人同是白羊座，性情很相似，這種組合也算是勢均力敵的配對。然而白羊男生比白羊女生更具優勢，因個性相似，兩人剛在一起時會非常有默契，也能很快速配，但一旦當熱戀期過去，二人就會對感情出現明顯的疲倦感，而且很容易在小事上起爭執。這期間，如果他們兩個之間沒有做過適當的溝通和協調，很容易因意氣用事而分道揚鑣。

　　這時，雙方誰比較沉得住氣誰就有可能獲勝，但是兩隻都是以衝動而著名的白羊，想要沉得住氣還比較難，要想破解二人這種關係，只要有人能夠比較冷靜地掌控大局，那麼就能很

容易地把局勢扭轉，不過由於彼此勢均力敵，所以不妨找與自己比較親近的聰明好友當軍師，這樣，就算是想要輸都很難了。

❤ 白羊座＋金牛座

這個組合還算比較有緣分的，但是這樣的組合總是讓人覺得不大好也不太壞，因為兩個星座在性情上完全不同，卻能相互吸引，不過吸引歸吸引，在一起是不是適合仍然要看兩個人之間的配合度才能決定能不能讓彼此的戀情繼續下去。

這兩個星座都很有拼搏精神，金牛的沉穩加上白羊的直率，一快一慢的組合，個性完全南轅北轍，不過如果他們之間能建立起信任、瞭解與溝通的話，是完全可以在性格上互補，變成人人都羨慕的情侶。一般說來，在二人感情中，土象的金牛座穩定性會比較佔優勢，加上金牛的仔細，考慮問題一向比白羊周全縝密，會帶給白羊很大的安全感哦！

土象的金牛座是出了名的實際派、固執派，所以千萬不要和他們硬碰硬，那是非常划不來的事情，聰明的白羊應該趕快去收集資料，或想好所謂的「得失利害論」說給金牛們聽，相信不會太費神就能說服他們的。另外要想讓金牛們感覺到安心放心，白羊們不妨在愛情上表現得強勢一些、未來一片光明、充滿計劃的感覺，這樣金牛會心滿意足的。

白羊座＋雙子座

這個組合可以說非常登對，兩人之間合作無間，還有很多相似之處，尤其在彼此之間的溝通上，總是比別的情侶多了那麼一點默契的感覺，所以如果二人是從朋友做起開始建立感情，多半將會是能長久維持下去的組合。

白羊總是會被雙子的靈活聰慧給迷得天昏地暗，白羊與雙子在一起永遠都覺得日子是那麼的美好，新鮮有趣。白羊喜新厭舊的性情終於被雙子所收服。他們認為雙子身上有著致命的吸引力讓他們無法抗拒，而雙子也會覺得白羊身上散發的開朗和孩子氣帶給他們新鮮開朗的生活，很得雙子的歡心。所以他們之間會有很好的溝通與默契，二人只要在一起總會有聊不完的話題，通常情況下，這種情侶組合多是從朋友變成情人的。

自信的雙子座其實很容易感到不安，白羊們一定不要被他們自信的表象所欺騙，雖然雙子的古靈精怪無人可擋，但想要讓雙子們乖乖聽話，你一定要非常瞭解他們，而且要比他聰明才可以，尤其在他講得天花亂墜的時候瞭解他真正在想什麼是很重要的，給他們想要的安全感，自然就會得到最後的勝利。

白羊座＋巨蟹座

總體來說，這個配對基本上非常不合，因二人個性迥異，性格相差太多而很容易導致兩人相處起來常常處於水深火熱

中，沒有互相翻臉就已經很不錯了，溝通在他們彼此之間根本談不上，更有甚至很有可能最後演變到互相指責的地步。

雖然這種組合屬於非常不適合的配對，但是巨蟹們的母性光輝還是讓白羊這個長不大的星座頗為眷戀和依賴，他們常常被巨蟹哄得相當聽話，可以說在他們二人感情中，巨蟹們是很佔優勢的一方。但是最初的和平也是看似平靜，交往久了，他們會變得非常喜歡爭吵，有可能越到後來總是越演越烈，所以不管再多的眷戀也好，依賴也罷，長此以往的爭吵很容易破壞掉這段關係，所以還是仔細考慮一下兩個人到底合不合吧！

顯然白羊對巨蟹座是有些依賴，要想相處下去，最好儘量表現出深切的眷戀之情，而且越誇張越好，其實，巨蟹就喜歡這種調調，但是白羊心裡可要掌控好局面，因為畢竟巨蟹們也有軟弱的時候，必要時，白羊有必要表現出他保護弱者的強勢。相互理解是你們相處的關鍵法寶，千萬要記得哦！

白羊座＋獅子座

二人都是熱情如火的火象星座，真是沒有什麼好挑的，尤其在面對別人的時候，他們的配合度絕對是非常有默契，讓人想不羨慕嫉妒都難。他們之間的戀情可謂是轟轟烈烈，從整體來說，他們的組合還算是很完美的。

這是超級登對的組合，獅子陽光般的活力與熱情加上白羊的火熱，真是讓人擋都擋不住，大多數情況下，白羊們很容易

對獅子一見鍾情,加上白羊很崇拜獅子的王者個性,他們很容易因為互相都很亮眼,加上熱烈直接的戀情,成為大家都羨慕的焦點。

獅子座的人是非常要面子的,所以白羊崇拜他們,就要誇張地表達出來,讓獅子們每天都沐浴在這種感覺中,但是白羊們也要注意,在該給他留面子時放任他,等到有私底下的機會,再進行一番認真的「溝通」,相信獅子很快就會懂了,互相尊重是你們兩個人相處的法寶,可不要忘了。

♥ 白羊座＋處女座

這個組合一看就很奇怪,他們要不然就是冤家路窄,要不然就有致命的吸引力,不過就算他們有著別人所沒有的機緣,但是二人在相處時還是多少會有一些衝突發生。

白羊很容易為處女座的保守,矜持、含蓄和聰明所吸引。會讓他們很想接近瞭解彼此,而白羊們一向開朗直率的性格,也讓處女座們覺到非常好奇。他們互相之間的性格完全相反,彼此擁有對方所沒有的特質,相處起來很容易產生既刺激又緊張的感覺,但到底合不合就要看緣分夠不夠啦!

雖然處女座總被冠以「龜毛」的稱呼,但是白羊們也最好不要和他們爭吵,這是一件很得不償失的事,因為有時他們只是「覺得」這樣做可能比較好,而白羊大而化之的性格也要小小地改正一下,多細心些,稍微讓處女座們感覺你為他們做些

事,就足以收買他們的心,感覺似乎聽上去有點為難,但是很值得白羊挑戰。

❤ 白羊座+天秤座

這是一對在個性上很不同但又能相互協調的組合,兩個人之間的關係可謂是密不可分的,事實上最重要的是彼此之間的尊重,感情才能長久的維持。通常這樣的組合彼此之間的緣分都非常深厚,值得好好花心思去經營。

天秤是最愛好和平的星座,所以他們本身具備猶豫不決的處事態度,而恰恰是遇見了和他們性格相差十萬八千里的白羊座,白羊座的勇敢善戰讓天秤覺得很有安全感。這是致命的吸引,然而他們也有相同的地方,比如他們都很在乎別人對自己的看法,這一點非常相似,所以說,只要能讓他們的個性互補,就能變成一等一的絕配,不管是人前還是人後都能夠彌補對方的不足,揚長避短又相互依偎,真讓人不得不羨慕呢!

他們之間要想好好相處,首先就是白羊改掉任性的個性,不要一味的要求天秤為你做什麼,久而久之,天秤們可不會吃你這套的,因白羊的自我和天秤的隨和正好相反,故白羊們要特別注意與天秤相處的公平性,如果你希望天秤為你做什麼,那麼你也要讓他們覺得你為他做了什麼,所以有空還是多聽聽天秤的意見吧!就算他不說也要問,這樣你才能瞭解如何與他們相處。

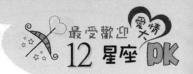

白羊座＋天蠍座

　　天蠍座的神祕，讓他們之間的戀情在還沒開始就已經充滿特殊的吸引力，白羊與天蠍能夠碰在一起表示彼此相當有緣分，但是他們兩個人的基本個性還是存在很大的差異，除了有莫名的力量做牽引和支持，他們倆能不能好好相處還是得靠個人努力。

　　天蠍與白羊們都是非常具有魅力的星座，他們內心對感情都非常火熱，但是天蠍的火熱藏在神祕冷酷的外表下，不太容易被發現。白羊們的熱情可以融化天蠍冷酷的外表，雖然表面上看來好像是白羊自己在一頭熱，但其實兩個人對感情都是非常火熱的哦！

　　天蠍對待感情是非常專一且佔有欲很強，他們非常討厭喜新厭舊的人，所以白羊們要想與他們相處好，只要夠「專心」就可以，否則的話白羊們真的要認真考慮清楚再決定要不要招惹感情內斂的天蠍們，以免彼此之間鬧到最後無法收場。

白羊座＋射手座

　　白羊與射手在個性上都具有很熱情大膽的特性，所以說他們的組合非常好，相同特性的性格在發展起戀情來，也是既熱情又浪漫。除了他們在感情上會很順利外，兩人的在想法上也很類似，所以彼此之間的相處會非常順利和自在，是個非常讓

人羨慕的情侶。

　　他們之間的配對是無可挑剔的絕配，尤其是白羊們開朗機敏的反應讓射手們非常驚艷和佩服，所以說，大部分時候這兩個星座不但是最好的戰友，也是能互相欣賞的情人拍檔，他們對待感情都很熱情，除此以外，彼此之間的瞭解和信任建立的很容易也很自然，不但會讓感情加溫，還能因此成為對方得力的幫手。

　　射手很是喜歡白羊們的率真，所以白羊們盡情地做自己就可以，不必想太多，至於射手天生喜歡自由的個性，白羊們就值得注意了，要不你就陪著他們浪跡天涯，要不就不要太在意，只要給他足夠的自由，和他在一起的時候讓他覺得輕鬆自在，讓他什麼話都可以無所顧忌地告訴你，這就已經算是成功了一半了。

❤ 白羊座＋摩羯座

　　白羊與摩羯的組合頗讓人傷腦筋，這兩個星座都不太善於溝通，因此到最後他們不是越來越疏離對方，就是對對方越來越不滿，因二人從本質個性來講就容易導致彼此的不諒解，所以還真是個頗讓人頭疼的配對。

　　他們兩個很容易會起衝突，白羊的熱情坦率加之摩羯的嚴肅冷靜會讓人覺得他們非常格格不入。也許一開始還會覺得很好奇，白羊的熱情佔了絕大多數的優勢，但時間久了，兩人在

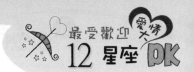

一起久了就會發現彼此給對方的壓力會越來越大，難以喘息，最後分手的原因多半是因為太過疲倦而不得不決定分手。

白羊們的熱情永遠是外向的，他們的陽光感染著每一個人，於是他們不太能理解摩羯那種溫溫的個性，所以如果想和摩羯座相處融洽，最好要表現出自己思維縝密、勇敢自信的一面，同時也要足夠瞭解他，最好不要任性，摩羯非常不喜歡這樣，所以白羊要得到摩羯的芳心，一點溫柔體貼就能讓他永遠不忘，永遠都記得你的好。

 ## 白羊座＋水瓶座

白羊與水瓶的組合非常穩定，主要是因為他們彼此都有堅固的友誼作為感情的基礎，就算有什麼摩擦不滿也能很快地消除。他們能成為穩定的絕配，很大程度上取決於彼此之間的信任。互相信任是讓感情長久最重要的一環。

他們之間大部分是由朋友昇華為情侶的，所以這兩個星座最大的優勢就是對彼此的信任，白羊的熱情與開朗很吸引水瓶，而且白羊對水瓶完全信任，用不了多久，他們成為知心好友，既然已成為水瓶的好友，離情人的距離就不會太遠。他們之間最成功的祕訣就是，朋友兼情人的相處方式讓感情更持久。

白羊給水瓶的感覺永遠是那麼踏實，像是相見恨晚的知己。雖然白羊並不一定多瞭解水瓶的性情，但是卻能給水瓶想

要的安全感。水瓶總是很容易讓別人誤會，加上他們不喜歡解釋的個性，一旦遇見無條件支援自己的情人，就會感到由衷的感動，而且要記住，對水瓶來說，只有能做得成朋友才能做得成情人。

♥ 白羊座＋雙魚座

　　白羊和雙魚情侶在情感上非常相互依賴，他們之間相處的感覺大都都很傾向於家人之間的感覺。而且他們的個性都非常的純真浪漫，所以在別人眼中，他們相互依偎的感情方式讓人覺得很溫暖很貼心。

　　雖然他們的組合並不能說是多麼的絕配，但卻是非常惹人羨慕的組合，雙魚座很容易被白羊的陽光直率所牽引住，而且雙魚座的猶豫不決和白羊座果斷的性格形成鮮明的對比，使得雙魚座對白羊的依賴非常明顯。所以說在這個配對中，白羊佔了上風，當然雙魚的溫柔也會讓白羊非常感動。

　　雙魚座太需要別人的同情與諒解，所以白羊對雙魚不用做太多的瞭解，因為他們需要的並不是瞭解，更多的是諒解和同情。畢竟要真正瞭解他們也太為難白羊，但是白羊那種天真快樂的氣質會吸引魚座的接近，所以，保持這種簡單和直接的方式，用來對付雙魚的猶豫不決，再加上點溫柔體貼，雙魚座會越來越依賴你。

金牛座與其他星座的速配

❤ 金牛座＋白羊座

金牛座和白羊座在性格上是完全相反的，白羊們凡事對問題急躁，金牛座又是個慢郎中，所以這樣的組合，還真是凶多吉少的情侶配對。白羊抓狂起來是非常兇悍的，好在他們兇悍起來的時間不長，過不了兩分鐘就會煙消雲散，金牛座倒是可以考慮在此時與白羊溝通，把之前沒有說出來的話說出口，因為此時的白羊座火已經消得差不多了，過多的話他們也懶得再去說了，最後的結果很可能是白羊依照金牛的意思去辦。這是再好不過的相處方法了。

❤ 金牛座＋金牛座

兩隻牛的配對，看似應該很有默契，實則緣分深了相互默契，緣分淺了就互相埋怨。金牛座的牛勁一上來是非常固執的，當兩個金牛座碰在一起時，結果可想而知。

兩人相處，最重要的是重視事實，兩人同是金牛座，都比較務實，比較會精打細算所以說互相之間可以坦誠相對，說不定在相處中還會有意想不到的收穫。

💕 金牛座＋雙子座

金牛與雙子之間有點扯不斷理還亂的感覺，其實兩人在一起還算適合，土象的金牛非常穩定，可以讓風象的雙子踏實收心，相反，雙子是非常會變通的，所以大多情況下他們不會介意金牛的固執，他們若是成為情侶的話，還算能順利速配的。

風象的雙子座一向招人喜愛，身邊總是有很多朋友圍繞，所以即使金牛再怎麼穩定也多少會有些擔驚受怕，再加上雙子座說話總是真真假假，讓金牛很難搞懂他們那句是他們的真心。但是雙子座大多比較愛玩，疲倦了還是會回家的，所以金牛們最好多包容一些，他們總會感覺到你給的溫暖和寬容，會懂得收斂；反之，恐怕雙子會躲到永遠都讓你找不到的地方。

💕 金牛座＋巨蟹座

金牛座與巨蟹座如果是做朋友的話，會是非常好的摯交。如果做情侶的話，會是心靈相通的類型。主要原因是雙方都比較重視感情的穩定性，所以戀愛的關係一經開始，兩人就會很好的維持，基本上不會出現波動，可以說他們的長久指數非常之高。

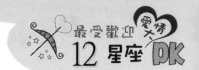

其實他們兩人對彼此都非常瞭解，但凡巨蟹若要發脾氣的時候，金牛只要擺出一副天塌下來也沒關係的模樣，巨蟹就變得安靜下來，久而久之，就會變得很依賴對方。

即使是如此速配，但是在遇到爭執的時候，金牛的固執仍需要收斂一些。要不然即使巨蟹們再依賴再捨不得，也會開始要不與你唇槍舌劍到底，要不轉身就走，最後的局面會很難收拾。

❤ 金牛座＋獅子座

金牛的固執與獅子比起來真是不相上下，兩人都屬於死鴨子嘴硬的類型，他們為人處事很少做讓步，所以兩人若是想展開戀情的確實需要想清楚。

金牛與獅子在交往中，如果碰上雙方意見不一致的爭執，獅子座可能更受關注一些，因為畢竟他們容易受人崇拜，但是碰上金牛就沒那麼容易了，除非獅子講明事實、說清道理，還有可能說服固執的金牛們。

要和平相處也不是很難，重點在於金牛們能不能對自己固執的性格多收斂，多讚美好面子的獅子，那其他的事情獅子都會既往不咎。

❤ 金牛座＋處女座

金牛與處女是絕配，這是有目共睹的事實。金牛非常迷戀

處女座的溫柔氣質，內斂個性加上睿智一流的分析能力，對金牛來說，處女座就是他們心中夢中情人的縮影，而對於處女座而言，金牛座的踏實和含蓄也能帶給同樣也很含蓄的處女座們一種穩定感，所以當金牛遇見處女，簡直會天雷勾動地火。

兩人若是想更好的經營彼此之間的感情，金牛們一定要多在處女身邊陪伴，看似複雜的處女座其實是相當純情且依賴情人的，雖然兩人在交往中，處女座會比金牛座要瞭解對方，不過這並不妨礙金牛座在平日多給他們關心照顧和信心。但如果能更多地瞭解處女座們的想法，那對他們的情緒會更瞭若指掌，兩人速配指數會更高。

 金牛座＋天秤座

金牛座凡事以現實出發，與天秤座的浪漫主義情懷有些相悖，所以看上去他們的組合有些不合時宜，兩人雖然有很多共識，但同樣也很多差異。不過兩人一旦認定彼此要好好發展下去，看準緣分，會有很大的可能走到最後的一步。

金牛座雖然很務實，但也嚮往優雅輕鬆的生活，正好符合天秤天性浪漫的本質，所以會很快俘虜金牛座的芳心。天秤座在平日的感情生活中，除了追求優雅，性情溫和，還有就是公平性，所以金牛在與他們相處時一定要多注意兩人的公平，不妨製造一點小驚喜，送送禮物，營造輕鬆的氣氛，一定會讓兩人的相處非常融洽。

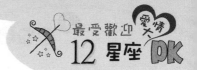

金牛座＋天蠍座

當金牛遇上神祕的天蠍座，會是相當神祕且特別的組合。雖然他們很容易互相吸引，但是因為一些差異性，也可能造成速配的失敗。

金牛的穩定讓天蠍座非常喜愛，但是金牛在面對天蠍的神祕與內心的複雜，會顯得有些被動。天蠍座喜歡的狀態就是即使有很大的事情發生，也不要亂了方寸，記住一定要做到不動聲色，保持沉穩的狀態，這樣才會俘獲天蠍座的心。

金牛座＋射手座

金牛座遇見射手座的人，會被他們的開朗和幽默所吸引，兩人經歷朋友之間的交往而產生情愫。而且在更深入的交往中，金牛會非常欣賞射手的聰穎，當他們互相被對方吸引時，射手熱情大膽的表白會牽動著金牛座們的心，讓他們也在不知不覺中熱情起來，這更讓平日有些沉悶的金牛在心裡泛起漣漪。

值得注意的是，金牛只要多保持從容的心態，一定會守護住射手的。多發揮自信，只有這樣射手才會從注意到仰慕你再到離不開你。

金牛座＋摩羯座

這個組合非常強悍，他們大都在個性上合適，而且會制定共同的目標並會通力合作，在工作中他們可以互補和合作，在感情上他們也比較容易會一生一世相守。

金牛相比較摩羯來說，有一些懶散，所以在開創事業的前期，計劃這種事最好交給摩羯來處理，他們精明能幹的頭腦會處理得非常好，而且這樣一來，金牛們也省了不少心。他們二人其實非常相像，即使有些不同，也可以互補為揚長避短。所以他們一邊談情一邊一起創業非常適合，不存在誤會和鉤心鬥角的算計，在二人的感情世界裡，有金牛的踏實努力，有摩羯的精明聰穎，想不成功都難，所以他們不管在任何場合都非常依賴彼此。

金牛座＋水瓶座

金牛與水瓶的結合可謂是水深火熱，他們的性格屬於完全的不同，但很可惜沒有互補性。所以二人的結合前景並不理想。

金牛的愛面子，與水瓶的自負相比，會容易引起爭執。要想和睦相處最好的方法就是金牛要對他們不聞不問，放任博愛自負的水瓶，如果遇到困難，必要時金牛多給予意見，逐漸的水瓶也會發現他們的諸多好處和理性，說不定也會非常速配。

金牛座＋雙魚座

　　金牛與雙魚的配對是非常愜意和溫暖的，兩人都很重視內心深處心靈的溝通，在一起能相互撫慰，心心相印。尤其是他們都很能理解對方的心態，他們之間的默契可非同一般。不用猜就能互通心靈，是絕好的一對甜蜜伴侶。

　　雙魚座是非常博愛的星座，當他們心情起伏時，金牛能很好地照顧他們，給雙魚座想要的安全感是非常重要的，事實上，雙魚的內心非常脆弱又希望能找到同情憐愛他們的人，這時金牛們就應該充當這樣的角色去撫慰。多給他們意見，幫雙魚解決一些猶豫不決的事情

　　金牛天生給人穩重可靠的感覺，而且在他們二人的關係中，金牛其實是非常照顧雙魚的，所以讓雙魚特別依賴金牛給的安全感，不過金牛也同樣喜歡溫柔貼心的類型，正好雙魚天生浪漫又細膩的性格很符合金牛們的胃口，所以他們是絕配的一對。

雙子座與其他星座的速配

 雙子座＋白羊座

　　雙子和白羊都很有童真，他們組合是相當能玩得來的組合。而且比較難得的是兩人在成年後都還能保存這份童心，並很有默契的玩到一起去。使得他們的戀情展開的非常熱烈也很有激情，他們彼此算是很會欣賞對方的優點，在一起的時候有說不完的話，並且總能給彼此帶來新鮮和刺激的感受。

　　雙子的靈活多變和孩子氣，足以讓白羊覺得他們兩人屬於同類，雙子除了聰明的本質外，還非常的靈巧聰穎，這足以讓有些衝動的白羊迷戀到雲端。

　　雖說兩人在性格特質上有些像，但是比起率性的白羊，雙子顯得多少有些狡猾多變。即時兩人性情相差無幾，仍然顯得雙子更勝一籌，好勝的白羊不甘示弱，所以他們就會時常以「較量」的心態交往，久而久之，白羊一見到雙子就會非常的愉快，直到不能分離。

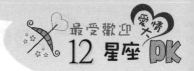

雙子座＋金牛座

雙子的靈動與金牛的沉悶倒是很能互補，他們在一起的機會也是很多的。很多情侶長達多年的戀情都維持得很好，多半都是雙子與金牛的組合。他們不像處女座那樣的凡事要求完美，所以他們相處甚好，也是因為他們不追求太完美的東西，而是很會懂得珍惜眼前。這也是為什麼他們的配對會非常成功的最重要的原因。

金牛總是會很喜歡和雙子相處，他們幽默的態度和天生善於說話的本領，很討金牛的歡心，而且這種交流方式，完全打破了金牛的沉悶，所以金牛會很喜歡和雙子在一起並且很欣賞他們。

多變的雙子看似不會把感情看得過於重要，不像金牛那樣一旦有了對象就會非常穩定，但是好在金牛座的持之以恆很感染雙子，所以他們久而久之會很欣賞金牛座人的沉穩和認真，這也是他們所不具備的。

雙子座＋雙子座

雙子配對雙子，兩人都是不穩定的性格，帶著些許孩子氣。兩人在一起交往除了能彼此帶來刺激，面對現實時卻顯得很不樂觀。因為他們都沒有定性，很不願意被限制自由，而且一樣的狡猾和多變，最重要的時，兩人的誠意都很淺薄，他們

之間若是展開戀情也不會太過長久。

　　同是風象雙子，要不就整天爾虞我詐的猜測，沒有信任可言，要不就會相當的有默契，所以如果當雙子遇見另一個雙子時，並且兩人在感情中還算有默契的話，不如雙方都表示自己的誠意，如果是認真考慮要長久下去，真的要好好溝通，真誠面對彼此，不要有隱瞞，畢竟都是同一個星座，真假還是能分辨得出來，最好彼此能成為對方背後的支柱是最重要的。否則要不就抱著好玩的心態，儘早放棄吧！

♥ 雙子座＋巨蟹座

　　這個組合的緣分很深，雙子的孩子氣配合巨蟹天生的母性是再好不過的組合搭配，但是他們在性格上卻相差甚遠。

　　雙子不能理解巨蟹為什麼會如此細緻的觀察很多事情，甚至不明白巨蟹為什麼會那麼熱衷「憂傷」；其實巨蟹並不難懂，只要雙子能多運用他們天生的好口才多說一些好聽話，他們之間的交往會非常順利。

♥ 雙子座＋獅子座

　　獅子富有幹才，有領導氣質，定會前途光明、平步青雲。他們膽大心細，態度積極，主動思考，做事情極有效率，因此深受年長者的信任。

　　他們與雙子座結合，屬於一種「強強聯合」，很讓人期

待。

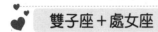
雙子座＋處女座

這是一個讓人有點絕望的星座組合，他們之間的差異非常之大，雖然處女座與雙子座同是善於溝通的星座，但是他們碰到一起，卻沒有一點溝通的慾望，甚至很難相處。

若想好好相處，將感情進行到底，唯一的方法就是溝通再溝通，但是如果當兩人都在氣頭上，並且雙方都不認同對方時，不妨冷靜一下。等到兩個人都平靜了再溝通，這種認同感也會更強烈，最重要的一點就是要有耐心，否則到最後兩人都鬧到無法收場。

對於這樣的情侶組合，雖然很想祝福他們，但是前景並不樂觀，雙子天生隨性散漫，處女天生又有諸多的原則和追求完美的個性，很容易導致摩擦甚至爭執，相同點就是都認為對方不可理喻，所以這樣的感情即時暫時被吸引，到最後也會無疾而終。

雙子座＋天秤座

同是風象星座的雙子與天秤可謂是絕配，他們不但個性相似，做事方法也很有默契。只要他們倆一起出馬的事情，都會很順利地進行。天秤天生喜歡權衡也很溫和，所以他們吵架的機會也會少之又少。

　　善於口才的雙子，遇上性情溫和的天秤，兩人在一起營造的氣氛會很融洽，所以他們相處得一向很愉快。所以天秤不牽動雙子的心才怪。

　　雙子的靈活多變，總是有意無意地搞出一些浪漫的驚喜，讓喜好浪漫的天秤又愛又依賴，而天秤非常重視公平，這是雙子所沒有的特質，但是卻非常欣賞。所以好學聰明的雙子不妨多多學習一下，展示給天秤，久而久之，他們的感情會非常順利地進行。

 雙子座＋天蠍座

　　天蠍的神祕很有吸引力，好奇心重的雙子必然會被吸引到。所以他們之間的交往更多的是激情與神祕所激發的熱情，他們之間有一種難以明說的緣分。

　　雙子很願意挑戰，所以天蠍的神祕對雙子來說非常具有挑戰意義，兩人要決定展開戀情，雙子只要多展示自己的聰明和自由浪漫的氣質就能讓天蠍非常喜愛。等到天蠍從眾人中開始注意你，喜愛你，之後的事情會變得非常有意思，有些天蠍很可能會以一種很神祕的方式接近雙子，這時候的雙子會覺得新奇又刺激。

 雙子座＋射手座

　　射手座興趣廣泛，富有好奇心，熱愛四處活動，精力充

沛，凡事都想親身體驗，對待異性很溫柔，射手的激情正是雙子座所需要的。

射手座對雙子座的影響將是天翻地覆的，可以幫他克服許多困難，彌補很多不足。

雙子座＋摩羯座

如果雙子與摩羯在一起，表面上看雙子會比較佔優勢，其實有些世故的摩羯在他們的感情中一直起著引導的作用，雖然他們在性格上有很多差異，但這並不影響他們對彼此差異的好奇，假使緣分到了，不如談個戀愛感受一下。

雙子座在他們的感情世界中，唯一的優勢就是瀟灑，看似無情的他們很會保護自己，合得來則在一起，合不來就不要浪費彼此的時間，但摩羯的深沉與超強的忍耐力會一直牽制著雙子。世故的摩羯有時還會設下「圈套」讓雙子自願上鉤。所以還是提醒雙子，想要與摩羯好好相處，最好要勤奮一點，想得多一些，這樣才能人財兩得。

雙子座＋水瓶座

這兩種類型的人都有著旺盛的求知欲，充滿著現代感，對任何新穎的事物都帶有強烈好奇心。剛剛認識時，雙子座雖然難以掌握他們的性格，但是長久交往之後，會驚訝地發覺彼此情投意合。

雙方的結合可以說是天作之合，他們都交遊廣闊，性格開朗，對感情比較灑脫，不會擠壓對方的生活空間，不會給對方壓力。兩個人之間的關係能遠能近，在一起不會膩，分開一段時間也不會過於牽掛。在事業上也能相互幫助，既是情人又是夥伴。

雙子座＋雙魚座

雙魚天性浪漫，不容易被瞭解，雙子的散漫很難去理解一個這麼困難的難題，所以說雙子與雙魚的愛情不會非常美好。兩人在對待事情上的看法非常不同，面對爭執時兩人所表達的觀點也有些雞同鴨講。所以在一起能長久的機率會非常小。

如果雙子真的想好要與雙魚展開極為認真的戀情，不妨平日裡多運用自己極佳的口才，與他們多溝通，多關心雙魚的心理感受，雙魚一定會非常感動，雙魚非常重視心靈感受，也非常重視與對方的溝通，所以不妨耐心點幫他們解決一些問題，用不了多久，就會虜獲雙魚們的心。

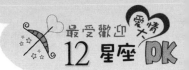

巨蟹座與其他星座的速配

♥ 巨蟹座＋白羊座

　　深具母性氣質的巨蟹座對於孩子氣的白羊座來說，充滿吸引力。白羊很喜歡偎依在巨蟹身邊，享受他們的溫情呵護。而巨蟹的隨便幾句話就可以把單純的白羊哄得無比溫順。

　　如果說巨蟹座們並不介意粗心的白羊的話，那麼他們倒是可以相安無事的共處下去。但是巨蟹其實也渴望被照顧，儘管開始可能會很親密，但是這個組合往往會因為個性上的這種差異，而最終會以無休止的爭吵結束。所以巨蟹和白羊的配對其實是並不被看好的。

♥ 巨蟹座＋金牛座

　　專心的金牛座和重家庭的巨蟹座結合起來，家庭基礎就會牢不可破，倔強的金牛還可以幫助敏感的巨蟹多拿主意。

　　在金牛座面前，巨蟹座的一些多疑、保守的毛病會得到不

同程度的改進，甚至有望變得爽朗起來。

巨蟹座＋雙子座

隨性的雙子和巨蟹還算是個蠻有緣分的配對。在巨蟹眼裡，雙子就像是個纏繞在身邊的小孩兒，只要有足夠的包容，天性不定的雙子不管怎樣貪玩，總是對巨蟹有著難以抗拒的依戀。

因為巨蟹和雙子都屬於比較單純的類型，所以他們的相處比較簡單，一旦決定在一起，彼此都會用心，不會有太多顧慮。當然巨蟹肯定是付出要多一點的一方，對雙子的瞭解和寵愛，使他們比較懂得給雙子較多的空間，而不會過多束縛雙子。

巨蟹座＋巨蟹座

通常來說，巨蟹配巨蟹可能不會很理想，當然這種配對也很少見。可是假如能夠排除障礙因素，巨蟹情侶會是讓人欽羨的一對。

情緒化的巨蟹座，很容易受到對方情緒影響，如果有一方比較成熟穩重，那麼兩個巨蟹的相處還是可以的，但若彼此互不相讓，一旦雙方都處於情緒化邊緣，那就要一起歇斯底里，也都無心關懷安慰對方了，更談不上從伴侶身上獲取安全感了。

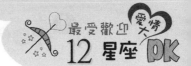

 巨蟹座＋獅子座

強勢的獅子和溫順的巨蟹屬於超級穩定理想的配對。因為他們都是家庭型的星座，溫柔智慧的巨蟹很懂得給足獅子面子，而外表強悍的獅子往往很容易被這種善解人意打動，看起來是一剛一柔的結合，實際上，巨蟹總是以他特有的方式在背後支援著獅子。

所以這個配對的感情相當穩固，如果當他們開始共同描繪未來藍圖的時候，基本上就暗示他們將步入婚姻殿堂了。

 巨蟹座＋處女座

善於計劃的處女座和溫順的巨蟹也是很甜蜜溫馨的一對。和巨蟹比起來，處女座是十分能幹的，常常能提醒巨蟹疏忽的細節，或者協助巨蟹處理一些他們不擅長的事務。因而巨蟹很容易依賴上處女。

當然巨蟹也會很珍惜，只要他們肯默默支持和全心付出，對於處女座來說就是最大的喜悅和安慰。雖然他們之間可能少一點點激情，但是這種溫情的感覺恰恰是巨蟹和處女都十分喜愛的。

 巨蟹座＋天秤座

情緒化的巨蟹和自信的天秤可能不會是個平衡的配對。由

於性情差異太大，所以要想經營好這份感情就需要多花些心思了。

通常說，巨蟹比較自閉，和既從容淡定又蠻受歡迎的天秤比起來會比較沒有優勢，甚至於巨蟹還會不由自主地心生艷羨。而同時巨蟹有時又十分忍受不了天秤自以為是的個性，但是只要肯遷就，能陪著天秤偶爾做一些異想天開的事情，天秤欣賞的眼光也會慢慢移向巨蟹座的。

❤ 巨蟹座＋天蠍座

兩個都是水象星座，性格很相似，敏銳感性、頭腦聰明。人生觀、世界觀基本一致，所以兩個人在一起很談得來，會有通電的感覺。

他們的戀情往往是順其自然而發生的，由朋友慢慢轉向戀人。但是一旦確定戀愛關係，你們的戀情就會轟轟烈烈，十分迅速。特別是巨蟹座的情緒變化令人匪夷所思，可天蠍座對此卻瞭若指掌。所以，巨蟹座常常視天蠍座為唯一的知己。

❤ 巨蟹座＋射手座

大概是出於性格互補的原則，幾乎沒有共通點的巨蟹和射手，卻是很容易擦出愛情火花的配對。

對於射手來說，優雅內斂的巨蟹座有著無法抗拒的吸引力，因為開朗的射手天生有股探險精神，雖然在朋友圈裡他們

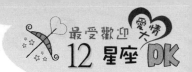

是人緣超好的射手，但是只要巨蟹保持自己典雅的氣質，一個
不經意的沉默神祕的眼神，就足以俘獲射手。

♥ 巨蟹座＋摩羯座

巨蟹配魔羯，可真是個牢不可破的組合。他們似乎天生為
責任而生，兩個人絕少會花前月下，只要決定在一起，他們更
願意把心思花在努力工作共同為未來的生活籌畫上。

浪漫對他們來說無緣，只有現實的生活才有意義。而這個
配對無所謂強勢弱勢，一旦執子之手，共通的家庭理想就能讓
他們相攜到底，很少會去想些其他的事情。

♥ 巨蟹座＋水瓶座

巨蟹和水瓶是個典型的異極相吸的配對。迥然不同的性
情，就是最具吸引力的元素。雖然不被看好，但他們卻很容易
出人意料的擦出感情的火花。

在這段戀情開始，水瓶可能會表現出被動，因為雙方差異
實在太大，巨蟹的垂青會讓水瓶也感到意外。但是一旦確定關
係，水瓶座的獨特氣質就會慢慢展現出優勢，在巨蟹看來水瓶
的一切包括缺點也變得可愛，而水瓶會越來越多的從巨蟹眼裡
收到欣賞的訊息。這個組合的相處屬於相當愉快輕鬆的類型，
甚至更像熟悉的朋友，當然也就極少會有爭吵之類的事。

巨蟹座＋雙魚座

如果有能讓巨蟹座感到一見鍾情的，那就非雙魚座莫屬。雙魚座能夠化解巨蟹座的一切煩惱，哪怕是瑣碎的小事，雙魚座也能為巨蟹座排解。

雙魚座的溫柔和巨蟹座的多愁善感配合在一起，能夠彼此體貼，彼此照應，雙方也一定會意識到對方的不可缺少，進而更加珍惜這份感情。

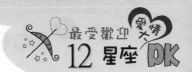

獅子座與其他星座的速配

♥ 獅子座＋白羊座

如果說有什麼能讓獅子座感到離不開的話，那一定是白羊座。兩個人都喜歡享受性的生活，追求生活品質，都喜歡浪漫，喜歡甜言蜜語。

兩個人配合起來，天衣無縫，生活就像在演戲一樣，即使演起對手戲來，也是棋逢對手。而且，兩人一定會有共同的朋友，共同的生活圈，共同的語言，白羊座簡直是獅子座最親密的戰友。

♥ 獅子座＋金牛座

金牛的固執屬於十二星座之首，與之不相上下的非獅子座莫屬，兩人同是這麼固執，想要在一起還真不是一件容易的事情，他們不光固執，而且想法也完全不同，他們沒有成為冤家已經非常萬幸。

在二人關係中，獅子座最具明星氣質，所以獅子比較有人緣，佔盡便宜，但是如果想要金牛變得順從，獅子真要學習一下商人的本領，金牛座非常重視物質與金錢，所以獅子座乾脆就給他們這方面的安全感，保證他們立足於不愁吃穿的位置，金牛會變得非常順從。

❤ 獅子座＋雙子座

雙子座的進取心和獅子座如出一轍，兩方結合的話，會在事業上取得新的高峰，雙方可以相互鼓勵，出謀劃策。

而且獅子的霸氣、包容心正好可以遏止雙子座的多變，雙子座的溫柔婉約正好可以撫平獅子的暴戾之氣。

❤ 獅子座＋巨蟹座

獅子和巨蟹的組合非常穩固，一旦確立關係，很難受到外界的干擾而被拆散。這主要是他們在對待感情上的看法非常一致，並且都很希望能建立起一個穩定的關係。

巨蟹其實是非常缺乏安全的，所以在交往的過程中，獅子儘量要讓巨蟹感受到安全，只有真正感受到安全，巨蟹就會慢慢地靠近你，然後變得越來越依賴。而且還有最重要的一點就是專一，巨蟹座的感情來得非常細膩，所以獅子一定要對感情專一，如果要是抱著好玩的心態，還是不要去碰觸巨蟹為宜。

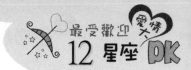

獅子座＋獅子座

　　眾所周知獅子的好面子，所以當兩隻獅子碰到一起時，事實上這種組合不太容易相處，因為兩人的性格都很剛強和要面子，所以在兩人的關係處理上，總會出現爭執得不可開交的狀況。

　　當性格特徵明顯的獅子遇見另一個與自己性格和為人處世極為相像的人，在生活中，他們爭執的事情會非常之多，而且都是一副力爭到底的態度。表面上可能兩人都很有風度的暫時避讓，但畢竟控制欲極為強烈的獅子們背地裡會非常憤怒，以致於等到哪天情緒爆發，會出現不可收拾的局面。

　　當然碰巧兩人走在一起，最好的相處方法就是忘記自己明顯的性格特質，既然雙方都如此瞭解彼此，那麼不妨想想自己曾經是怎麼消氣的，比如在生活中意見分歧時，多退讓寬容，給彼此一個面子和台階，獅子們一定不會與之計較，該稱讚對方時一定不要吝嗇，保護好對方的自尊和面子，如此一來，瀟灑的獅子一定不會再去計較。

獅子座＋處女座

　　獅子與處女的緣分不高，但是也有不少這樣的情侶組合，如果他們有緣在一起，並相互瞭解夠深刻，那麼他們將會是一對非常穩定的情侶，但不合的地方也是因為處女座與獅子座存

在性格上的巨大差異性，他們在對待很多事情上的看法非常不同，甚至相反。這就促使他們在一起時免不了事事爭論的窘況。

處女座對於獅子們來說有些頭疼，因為獅子總覺得處女們深不可測，相比較而言，處女們的確比獅子冷靜、聰明，這也是獅子很欣賞處女座的一點。

但獅子一定要記住一點，處女座的人非常重視對方的誠意與內涵，而獅子有時的確做事講話有些誇張，這讓一向嚴謹而低調的處女們非常不喜歡，所以獅子若想留住處女們的心，一定要務實、踏實，最重要的是誠懇。

要說相互吸引的機率，那真是少之又少，唯一的可能就是，獅子迷戀處女的聰穎、優雅氣質、沉穩和有內涵，而且處女座為人一向很謙虛，所以在一開始的相處中，獅子總覺得自己很有面子，於是獅子很可能得意忘形，進而開始驕傲，而這一點正好踩到了處女座的地雷。

獅子座＋天秤座

獅子的王者氣息與天秤的優雅氣質相匹配，簡直是絕美的組合。從外表看上去就已經是人群的亮點，加上他們言談舉止間帶來的魅力和親密無間的默契，足以叫眾人嫉妒。

天秤座的人特別喜歡有個性的人，而獅子剛好符合天秤的胃口，獅子在十二星座中的性格非常明顯，即使也許不會每個

獅子座的人都會有那麼明顯的個性，但是天秤總會找出一些對方與眾不同的特色欣賞。還有最重要的一點，天秤很喜歡猶豫，總是在仔細衡量之後還是拿不定主意，而獅子很喜歡挑戰難題並習慣做決定，這就讓總是愛憂鬱的天秤非常喜愛。

在相處時，值得注意的是，獅子一定要表現出自己強大的王者風範，多注重穿衣和言談舉止，外形與內涵兼備就足以讓天秤迷戀，如遇到問題時，獅子擺出一副一切都必須聽從他的架勢，一定會讓天秤死心塌地。

獅子座＋天蠍座

當獅子的光明磊落，王者氣概遇見黑暗的主宰也同樣具有王者風範的天蠍時，兩人若想成為情侶的狀況就不一定那麼樂觀。他們在對待事情的看法與處事的風格完全不同，註定他們的感情會無疾而終。

如果獅子與天蠍成為情侶搭配，雖都具有王者心態，但獅子可能在兩人關係中略微顯得弱勢，這是因為獅子做事一向光明磊落，而天蠍是非常之狡猾，他們會在暗地裡算盡心機，總會讓獅子防不勝防。所以說獅子在這場情感戰爭中，始終沒辦法發揮自己的優勢。

不過，若要緣分很深，在兩人感情發展的過程中，獅子們尤其要注意的是多展示自己王者的自信與風度，這種從容的魅力和魄力會讓天蠍們很欣賞和依賴，甚至一定要在天蠍搞不定

的事情上多保護他們，再加上多用寬大的包容心體貼和包容他們，這樣就會牢牢拴住天蠍們的心。

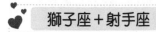

獅子座＋射手座

射手座坦率的性格是對獅子座的一劑良藥，如果作為朋友，射手座很容易和獅子座發生衝突，但是作為情侶，射手座樂觀，喜好運動，富有責任感，臉上經常帶著笑容，很幽默，這些性格都是深深吸引獅子座的地方。

在性格與能力上，射手座與獅子座能形成一種互補。

獅子座＋摩羯座

獅子與摩羯的組合主要還是看他們的緣分指數，從本質上說，他們的性格完全不同，並且沒什麼共通之處，想要讓對方相互欣賞，還真要花費一點心思。如果兩人之間可以磨合得好，極有可能成為親密無間的伴侶。

摩羯在選擇伴侶上，非常重視對方的實力，比如將來能不能有出息，感情會不會看到將來等，都會作為他們衡量的標準，所以只要你是一隻上進的獅子，你就有可能追到有些務實的摩羯座。

摩羯天生就很世故，想問題總是會想得比較深遠和深刻，所以相比較獅子來說，還是比較具有挑戰，要想說服摩羯，必須具有摩羯的思維縝密，否則很可能被拒之門外，或者剛開始

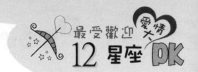

萌芽的戀情早早收場。

 獅子座＋水瓶座

這是一對有致命吸引的組合，同時嚮往自由的獅子與水瓶在很多地方都可以相互彌補，要是從朋友做起，也會非常有合作精神。相處順利的話，他們這樣的情侶配對想讓別人不羨慕都很難。

水瓶非常博愛也非常自我，所以對獅子來說，千萬不要限制他們的自由，水瓶座的人對什麼都會非常好奇，所以只要保持一些神祕感，讓他們一直會覺得新鮮好奇，自然就會牢牢地黏住對方。

不過他們有一點非常像，就是都很喜歡出風頭，但是獅子可能對別人的評價更為在乎，與水瓶不愛看別人眼光做事的風格相比會有些遜色，所以，很有可能他們的戀情交往到最後獅子都需要水瓶在身邊的提攜。

 獅子座＋雙魚座

獅子遇見雙魚，這本身就是一個很浪漫的開始，兩人對待感情的看法和方式都很接近，他們的相處必然會非常融洽，即時他們在其他一些事上有些不同觀點，但也能做到彼此吸引，他們的結合是非常美妙的。

獅子看似強勢，但也渴望浪漫的愛情，雙魚正好天性溫柔

貼心，很容易讓獅子一見傾心，對於雙魚的偶爾迷糊，威嚴的
獅子應多包容，而獅子的勇敢正好讓有些膽小的雙魚感受到安
全感。對雙魚來說，他們沉浸在被強勢的獅子保護與呵護中；
而對獅子而言，他們更多的是陶醉在雙魚的體貼中。

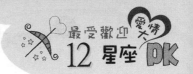

處女座與其他星座的速配

處女座＋白羊座

處女座與白羊座的戀情看上去非常艱難，但是他們也是具有神祕吸引力的組合，他們具有完全不一樣的星座特徵，所以他們很容易對彼此產生了完全不同的獨特魅力。但是他們的戀情並不一定有盡如人意的結果，能不能最終圓滿就要看他們是否有緣分了。

白羊天生具有讓人眼前一亮的特性，在人群中總是最為耀眼。加上他們的天真主動，會讓老是定格不動的處女座深受吸引，處女座起初會很關注他們，直到最後會被深深地吸引。畢竟像白羊一樣天真又坦率的人真的不多，這就會讓一直以來不斷追求「真、善、美」的處女們眼睛一亮很想要抓住。

處女們要想抓住白羊座的心其實不是件太難的事，只要你能和他們一樣有明朗愉快又天真的態度，白羊們自然會把你視為同一戰線，如果做不到他們這麼熱情開朗，好歹也要親切一點，只要是對白羊們好，他們一定會知道，並也會真誠的回報

你，做到真心的交流溝通，白羊就會把你視為戀人。

♥ 處女座＋金牛座

　　同是土象星座的金牛與處女，是非常穩定速配的情侶。他們在很多事情的看法上相似，很能產生共鳴，所以他們在一起時總能夠很有默契，在別人看來，他們是極其相配的情侶搭檔。而且通常情況下，他們的感情一向很穩固，而且成家立業一直相伴到老的可能性也很高。

　　金牛很容易對處女座的溫柔和典雅所吸引住，而且處女們的細心縝密是金牛們所沒有的，這讓金牛們覺得自己很受處女們的關愛和照顧，且充滿了祥和安靜的感覺，正好金牛想要成家立業的對象就是處女的類型。此外，處女座的為人處世非常含蓄，這種含蓄讓金牛覺得非常難得可貴，所以他們特別喜歡和處女們在一起的感覺，兩人一拍即合成為情侶的指數也會非常高。

　　處女座的人非常看重誠意，只要對方誠懇可靠，而且容易讓人感動，就非常容易打動處女們。所以金牛們要想抓住處女們的心，最主要的是要努力瞭解處女想什麼，做一個瞭解他們的人，這樣處女就很容易死心塌地的依賴你。

♥ 處女座＋雙子座

　　這樣的組合，非常不適宜在一起，他們二人的性情相差甚

遠，而且互相之間還無法忍受對方的個性差異，在一起只會越來越糟糕，最後又可能因為互相都不願意忍讓，做不到寬容而導致把彼此弄得更神經質，即時他們之間存在緣分，也很難成為速配情侶。

這兩個星座要是碰在一起，絕對是孽緣在作崇，否則風象的雙子與土象的處女座屬於絕對的老死不相往來類型。通常情況下，處女座很看不慣雙子的誇張、自大，而雙子則對於處女座的龜毛個性相當的不欣賞，除非發生意外，否則他們都屬於能讓對方抓狂到失眠的人。

雙子座的人喜歡聽好話、喜歡順從，所以處女們最好能控制住好批評的說話方式，多順著他們喜歡的話題說，多誇獎他們，這就能夠吸引雙子們的注意力了，否則雙子會跑得比誰都快。

處女座＋巨蟹座

這是一對非常安靜且以相互瞭解作基礎的情侶組合。大部分情況，兩人都是先從朋友做起，慢慢的彼此之間建立起互相信任和互助合作，之後就很容易成為一對被別人羨慕的溫馨情侶，雖然偶爾顯得略微沒那麼多激情，但卻因為如此，他們的這種組合往往可以長久的走下去。

相比較處女座而言，巨蟹們顯得沒有處女那麼冷靜與理智，而處女天生非常理性且辦事冷靜沉穩，這一點是巨蟹們所

沒有的,於是巨蟹對處女的戀愛首先就開始於這種崇拜,再加上處女座們總是可以隨時瞭解巨蟹的情緒波動,在這一點上,細膩的巨蟹對處女總是相當的依賴。所以算起來巨蟹是小小地輸了處女座一籌,不過這一點可就會讓巨蟹不得翻身啊!

大概所有認識巨蟹的人都瞭解,在關於如何搞定巨蟹們的方法上,只有處女座可以做到。處女們好像天生就知道如何擺平細膩的巨蟹。處女們高度的觀察力與分析能力,讓他們對巨蟹的情緒波動常常都是瞭若指掌,在還沒等巨蟹抓狂之前,就能很輕易地把他們擺平,讓巨蟹的情緒毫無用武之地,所以說處女們根本就不擔心巨蟹的情緒化,輕輕鬆鬆就可以搞定啦!

處女座＋獅子座

看似非常不合適的兩個組合,其實是很有緣分的星座組合。因性格的差異,他們在工作上可以互補,情緒上也能做到互相安撫,雖然存在差異並且這種差異不小,但最終總能夠互相諒解和理解彼此。更有甚之,他們走上紅毯的機率也是非常大的,而且這對情侶組合婚後生活會很穩定溫暖,並且很持久。

在二人世界中,處女們會略勝一籌,主要是因為處女實在是比獅子冷靜很多,所以如果說到玩手段,天生就光明磊落的獅子難免會處於下風,就算是在感情上光明正大的比試,獅子能獨佔鰲頭的情況也是幾乎不可能的,因為處女們比獅子聰明

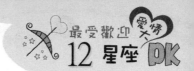

些、冷靜些又細心些，就光這些，獅子根本不是對手。

處女座其實很瞭解獅子，但唯一需要注意的是，獅子座的王者面子一定要保護好，否則後果將不堪設想，處女們有時說話容易給對方潑冷水，或者有些尖酸刻薄，這樣的話還是不要說，或者留在自己心裡吧！因為這些都是獅子座的大忌，其他你不管是撒嬌耍賴、小任性，獅子座都是可以忍受的。所以處女們一定要注意，發表意見之前先想好哦！

 處女座＋處女座

這個組合很少見，處女的性格非常鮮明，又加上是兩種性格非常相似的人在一起，吸引力會少了一些，而往往處女們在對待感情上非常願意去挑戰高難度，所以互相選擇類似且缺少激情的情侶關係還是非常少見的。

相同的星座，其實也沒什麼可比性，自己的優缺點其實心裡都有數，可是在相同組合情侶配對中，最有意思的就是當處女座碰上另外一個處女座，當兩人碰在一起時會經常出現「話不投機半句多」的情況。沒辦法，處女們本身就是話不多的星座，有時這種組合可能面對面坐一天都只是在看書卻沒有什麼話好說，這也是因為對彼此太瞭解了吧！

當處女座遇到處女座，這是個連醫生都開不出藥方的組合，除了看兩人有沒有緣分，有緣分又惺惺相惜的話，就拿出彼此的誠意吧！處女們是出了名的在乎別人的誠懇和態度。想

要表現誠懇不是光用嘴巴說說就算了的，還要有富有誠意的行動來加以表示，只要你做，處女就會感覺得到，反之如果沒什麼誠意，或者緣分不多，那就只能分道揚鑣啦！

 處女座＋天秤座

處女座和天秤座屬於在性格上沒什麼共同點，但是有一點卻很像，就是挑剔和猶豫不決，他們倆的程度是絕對不相上下的。即使如此，他們還是很有可能因為這些而鬧翻，因為他們很難共同為一件事下結論，於是會吵得不可開交。

與處女們的堅持不同，天秤會顯得灑脫一些，他們只是猶豫不決如何下決定而已，不像處女們對任何事都很堅持。所以說，如果處女的龜毛遇到天秤凡事肯定好好配合的個性，會讓處女們有些羨慕，會很喜歡和天秤在一起輕鬆愜意的感覺。

處女在和天秤相處時，有一點非常重要，就是處女們一定要學會將身心都放鬆下來，不要給自己太大壓力，也不要總想一些自創的遊戲規則要天秤照著來，否則他們會立刻躲避起來，就當彼此沒認識過的感覺，總之他們之間要想和平持久的相處下去，最好的就是營造輕鬆悠閒的環境，這樣天秤就會踏踏實實為你停留啦！

 處女座＋天蠍座

他們的組合都是力求完美的組合，所以在交往過程中他們

能互相瞭解，互通有無，所以當處女座遇上天蠍座時，他們起初成為好朋友的機率會很大，不過成為情侶的話，還要下一點工夫，但是一旦速配成功，這種情侶組合倒也是一個非常懂得互相合作的組合哦！

天蠍的性格一向沉穩，在看待問題上，天蠍自有一套方法，總是讓處女們刮目相看，處女們也很容易被天蠍天生的深沉和魅力所吸引，這也是他們的星座魅力。雖然處女們也有含蓄的一面，但到了天蠍面前很容易就被比下去，所以處女很容易對天蠍就產生了好奇，這讓處女們不得不甘拜下風。

遇到天蠍，最好的方式就是沉默和接受他們所有的看法，再加上默默地陪在他們身邊以證明你的在乎，這時如果天蠍也對你們有意思，不用你追，天蠍就會主動展開獵捕行動。

處女座＋射手座

處女與射手的配對，相當的艱難，也是被人不太看好的組合。如果他們在一起很有可能因為性格差異引起碰撞，因而不歡而散。對彼此的埋怨就更不用說了，即使兩個人感情深厚非得選擇彼此的話，也會相當痛苦的。

處女其實第一眼見到射手就會有種話不投機半句多的感慨，而對射手來說，處女座最初表現出的氣質會讓他們感到迷惑，但是處女死都看不上射手，所以就算射手再出色，處女都很難動心。同樣的，射手最初會被處女安靜的氣質所打動，但

是時間一長，當射手見識了處女的龜毛個性，自然跑得比誰都快了。

其實對付射手一點都不困難，射手嚮往自由，那麼你就給他們自由的時間和空間，必要時你還要擺出一副很愉快的樣子參與到他們的談話中，自然他們就會注意到你了，對於射手來說，認同和自由是非常重要的。

 ## 處女座＋摩羯座

處女座和摩羯座是非常速配的情侶組合，他們在對待很多事情上的看法都有共識，兩人對事物的想法、看法都非常相近，情侶之間有共同的目標和理想是維持感情最重要的因素，所以當處女遇見摩羯，多半他們會一邊談情一邊設立目標，一起互相扶持著去打拼。

雖然他們同樣具有思維縝密的特質，但摩羯其實是比處女座世故許多，對任何事情的處理和看法都比處女座要考慮得完整，而處女們大部分只看到表面上的一些得失，所以讓天生就善於學習的處女非常願意與摩羯接觸，學習他們身上的優點。時間久了，處女會對摩羯相當依賴，凡事都願意徵求摩羯的意見。

如何讓摩羯認定處女呢？其實很簡單，當摩羯把你歸入自己的計劃或行程時，他們就已經認定你了。事實上，這樣做的摩羯是表示很想與你共度未來，所以處女們平日要多注意摩羯

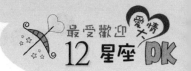

的行動，說不定你就會發現很多期待已久的事情已經發生了。

♥ 處女座＋水瓶座

　　處女與水瓶是非常容易產生微妙吸引力的組合，雖然彼此可能完全沒有任何交集，但是有種莫名的吸引力牽動著他們，所以看上去他們之間的緣分非常深厚，但如果他們將要選擇在一起，也未必能長久。

　　水瓶凡事都很好奇，所以處女天生具有內在矛盾和難以妥協的性格，但在水瓶的眼中，處女的這種特質卻讓他們好奇又著迷，讓他們一直想要去探索。水瓶是個有些怪異的星座，他們喜歡的事物都非常奇特，所以他們會有這種另類的想法一點都不奇怪。但是他們的這些興趣會維持多久，這就要看水瓶對處女們的好奇有多深啦！

　　其實這個組合有些不太現實，因為處女的現實與水瓶的夢幻會有很大的衝突，遇上水瓶這種奇怪的星座，處女只要保持如夢似幻的微笑即可，水瓶就會被迷得團團轉。千萬不要去限制水瓶，因為他們天生就好自由又博愛，所以要給他們自由，否則他們的熱情馬上就會煙消雲散，甚至還會迅速逃離，所以說他們之間的組合不太現實，那就不妨就互相都保持好神祕感，這樣關係也許可以維持下去哦！

 處女座＋雙魚座

處女座偶爾的浪漫加上雙魚天性浪漫的個性，讓他們的組合簡直就是如夢似幻的，他們雙方擁有很多相同點，比如在決定事件上，他們都顯得猶豫糾結。不過總體來說，他們還是比較能互相瞭解的星座組合。雖然他們的變動看上去很大，但也算可以速配的情侶了。

這個組合之間基本分不出強弱，因為他們本身的特質很相像。一樣猶豫、一樣矛盾、一樣浪漫、一樣在理想與現實間遊走。所以他們屬於同病相憐的組合，很能相互傾訴。但他們之間的區別在於，處女們在面對現實上顯得很理性精明，而雙魚就顯得非常不切實際的浪漫了。

他們同樣都很容易受傷，所以不妨兩個人相互安慰取暖，處女會比雙魚理性些，所以對待雙魚時，最好讓他們感到被人照顧和同情，這樣就可以取得他們的芳心，只要他們感受到被瞭解、被心疼的感覺，就很容易依賴著處女不放手。

雙魚座與其他星座的速配

♥ 雙魚座+白羊座

　　雙魚與白羊的個性南轅北轍，所以兩人交往起來雖然沒有大爭執，卻小麻煩不斷。雙魚與白羊要想長久地相處下去，要互相照顧、互相依賴，不要讓兩個人共同的缺點破壞感情。

　　雙魚座要想追求白羊座，一定要拿出自己最溫柔的一面。雖然交往之後溫柔可能是讓白羊座離開你的原因，但追求他們的時候一定要用溫情炮彈將其擺平。如果再配合楚楚可憐、無依無靠的可愛模樣，白羊座一定手到擒來。

　　雖然雙魚與白羊的麻煩程度都是半斤八兩，不過說起來白羊座還是比較主動積極一些。雙魚一天到晚猶豫不決，遠沒有白羊面對感情熱情有力。只要相處進入軌道，雙魚座會心甘情願地跟著白羊座的腳步前進，白羊座的熱情會讓雙魚座感覺幸福得暈頭轉向。

雙魚座＋金牛座

雙魚座的溫柔是對付金牛最具殺傷力的武器，讓金牛座無法招架。

不管金牛在外面如何八面玲瓏，回到家來只要雙魚座一個輕聲細語的問候、一點兒溫柔的照顧，立刻就會讓金牛座感動得不能自己。金牛座有許多應酬機會，但是在雙魚座的溫柔下，他們會目不斜視，心中只有雙魚。

這樣看起來這個配對中金牛似乎佔盡優勢，不過雙魚座也大有收益的。雙魚座老是感到不安，金牛座天生沉穩的氣質足以讓雙魚座不穩定的心情安穩下來。再加上金牛座天生的耐心，雙魚座會對金牛服服貼貼，對金牛座心生依賴，即使看不到金牛心中也會覺得不安。

雙魚座＋雙子座

雙魚座與雙子座在一起，讓大家覺得這份感情前景不妙，他們自己都不瞭解為什麼會在一起。雙子和雙魚座性格相似又嚴重獨立，這讓他們相處起來交流不順，險象環生。

雙魚座與雙子座交往的機率非常低，往往這兩個星座的人老死不相往來，雙方迸射出火花的機會自然少。雙魚的猶豫不決足以讓雙子的神經質嚴重發作，這令雙子們看到雙魚就頭痛。但是雙魚座與生俱來的神祕感又會勾起雙子們旺盛的好奇

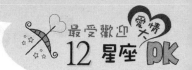

心，所以雙子常常會被這兩種心情折磨得痛不欲生。不過雙魚座卻沒有什麼感覺，無法領會雙子的糾結心情。

不過，機率低不代表不可能。雙魚座要是喜歡上了雙子座，定要收起自己迷惘的神情，趕快擺出精明、充滿神祕感的一面。雙子座的好奇心立刻就會被勾引起來，對雙魚自投羅網。雙魚在實施這一計劃時一定要努力使自己看起來更酷，一副若即若離的樣子，被雙子座看透你的把戲就前功盡棄了。

❤ 雙魚座＋巨蟹座

雙魚座與巨蟹座天生有一種互相吸引的情愫在裡面。因為巨蟹很需要別人瞭解和諒解，所以遇到巨蟹，雙魚座要做的就是把巨蟹心底想的摸個透徹。

雙魚座是著名的同情心旺盛的星座，且又感情豐富，加上似水的柔情，用不了多久就能打動巨蟹的心。這兩個星座交往，實在是不用動太多的腦筋。

巨蟹包容體貼，具有母親本能，雙魚遇到巨蟹會產生著莫名的依賴感，軟弱時會把巨蟹當做最好的避風港。雙魚座其實是很脆弱的，受不得大風大浪，巨蟹的溫柔讓他們得到了足夠的撫慰和安心。

❤ 雙魚座＋獅子座

雙魚與獅子談戀愛，會精采的像一部偶像劇。他們會在一

些小事情上特別來電,而且對於對方的心情也相當瞭解。相處的時候,小說漫畫的戲劇化情節迭出,讓他們的感情更充滿了浪漫的氣息。

這兩個星座有很多不同之處,不過也有很相同的地方,其中最重要的就是都喜歡「談戀愛」,對於有如戲劇般的愛情故事更是嚮往。雙魚座的柔情體貼常讓獅子無法招架。雙魚座遇到獅子座,不管有什麼要求或是想要什麼東西,只要輕聲細語一番,獅子立刻奉如聖旨。

雙魚要是多一些細心體貼再加上柔情似水,獅子座就會連戰連敗。如果獅子座生氣了,這招再加上眼淚就足以讓獅子座瞬間怒氣全消,反倒像自己做錯事似地不斷賠罪。

雙魚與獅子是速配中的速配,他們的愛情浪漫、深情、至死不渝。這樣的愛情,光是用眼睛看就足以讓所有的人心生嚮往。雙魚座和獅子座在一起時的濃情蜜意,就算分手了也會是最美好的一段回憶。

♥ 雙魚座＋處女座

處女座認為,雙魚全身散發的溫柔氣息很吸引人,他們的輕鬆姿態更是讓人無法把眼球移開。一般來說,雙魚比較迷糊,處女比較精明,這兩個星座在一起正好互補。兩人在一起時,讓處女座們不會太緊張,雙魚們不會太迷糊。

雙魚喜歡上了處女不要著急,不妨多和處女座聊聊,處女

座會發現你的特別。與處女相處時要小火慢燉培養感情,不要急著把感情表現出來,慢慢地接近是你們最好的相處方式。瞭解處女座的人不多,像雙魚這麼瞭解處女的更是寥若晨星,所以不用擔心處女座的人會跑掉。

雙魚和處女可以說是知己,相處時說不上誰強誰弱。兩人常常都分不清楚自己的想法和心情,百味難陳,也只有彼此間才能體味到這種模糊的情愫。

 雙魚座+天秤座

雙魚座和天秤座相處起來充滿了浪漫輕鬆的氣氛。這兩個星座實在很相似,通常他們有一樣的興趣,容易因興趣而結緣。也因此他們會欣賞彼此的個性,會深深地被對方吸引。

因為彼此間有著能互相瞭解的默契,相處起來有如夢似幻的味道,所以雙魚和天秤有著和一般人完全不同的相處模式。雙魚如果喜歡天秤,不用模仿市面上流行的瀟灑形象,只要比一般人有個性,展現出自己隨性自然的一面就可以了。你甚至可以做出一副不食人間煙火的樣子或是展露個性中任性的一面,只要表現得恰到好處就能夠讓天秤座為你著迷。

雙魚座天生會流露出一種藝術氣質,這種氣質天秤座自身也具備,但是遠不如雙魚座濃厚。天秤座會被雙魚座吸引,與這一點也不無關係。

雙魚座＋天蠍座

雙魚與天蠍相處時，雙魚的浪漫多情會讓天蠍不可自拔。而且雙魚對天蠍的瞭解相當深刻，叫天蠍座感動不已，想不動真感情都難。

此外，這兩個星座相處時愛情上的浪漫與溫柔都是由雙魚座主導出來的。雖然天蠍座也魅力十足，但是與雙魚座無與倫比的製造浪漫的能力相比，在愛情交鋒中還是遜了一籌。這也解釋了為什麼天蠍座總是被雙魚座迷得七葷八素。

雙魚座溫柔天真的模樣是吸引天蠍的不二法寶。雙魚座只要保持若即若離的距離，暗暗撩撥天蠍座的心情就好，保證他們會自投羅網。為了雙魚座溫情的微笑，天蠍會排除萬難來雙魚座的身邊，毅力十足。

雙魚座＋射手座

雙魚座與射手座是非常美滿的組合。他們之間的愛既浪漫又熱烈，在旁人看來是天造地設的一對，適合經營長久的愛情。

雙魚座或多或少都有一些優雅、高貴的特質，這在射手座看起來最迷人了。雙魚喜歡射手時，只要把自己的矬樣隱藏好，表現出最優秀的一面，不用你主動射手就迫不及待了。還有要使出射手們最無法抗拒的絕招——幽默感。

雙魚與射手也有鬧矛盾的時候，這種時候吃虧的往往是射手座。因為雙魚座比較容易沉溺在自己的世界中忘了別人的事，射手座的憤怒理所當然地也屬於被忽略的部分了。之所以這樣子兩人的關係還能長時間的維持，那是因為射手座記性不好，只有到下次發怒的時候他們才會想起上一次自己還發怒過呢！

 雙魚座＋摩羯座

雙魚如果能和摩羯相處，那麼旁人一定會欣賞到精采的劇情。因為這兩個星座的個性互相牴觸，而且一樣的粗心大意。他們要不就互相不滿，要不就不相往來。

雙魚對摩羯們的心事一向很瞭解，所以在這段感情中比較吃香。雙魚的柔情似水以及善解人意讓摩羯心死心塌地與他們在一起。雙魚座對這段感情沒有摩羯座來得堅定，看起來顯得比較猶豫不決，主要是他們的心事不是那麼簡單就能被人掌握。

雙魚喜歡上了摩羯，應該積極吸引摩羯的注意，展示出自己善良的一面讓摩羯欣賞，用溫柔體貼讓他們感動。發現生活中出現了零缺點的好對象，摩羯當然要趕快定下來了。

 雙魚座＋水瓶座

雙魚與水瓶既有相似，又有不同。他們可能有一樣的理

想，但有不一樣的態度；有相同的想法，卻有不同的方法。雙魚與水瓶能不能在一起，完全就要看兩人的緣分了。雙魚與水瓶的愛情組合的源於朋友關係，常常是從朋友過渡到情人的地位，兩人之間沒有太多的陌生感，卻也因此喪失了狂熱的感情。他們的戀愛看起來顯得有點兒不溫不火，不過這樣的愛情反倒能夠長長久久。

對水瓶來說，愛情和友情是同一個發源地，沒太多分別。雙魚座喜歡水瓶，只要瞭解水瓶的理想是什麼，無條件地支持他們，就會得到水瓶的友情，有了友情再加把勁就會是愛情了。水瓶不喜歡被限制自由，所以與他們交往要注重溝通，不論發生什麼事都不要太計較。

雙魚與水瓶戀愛，雙魚只能乖乖聽水瓶的話。因為雙魚座純做夢的狀況比較多，水瓶卻很實在，一有理想就要進行，再不切實際也一樣。一旦在一起，水瓶的行動一定比雙魚座快，雙魚座自然要追隨水瓶的步伐。水瓶實行理想的樣子帥極了，讓雙魚心甘情願地追隨他們。

❤ 雙魚座＋雙魚座

雙魚與雙魚的愛情，一定是浪漫到不行，追求羅曼蒂克到無可救藥的地步。這種組合並不多見，兩人都是浪漫到不食人間煙火，相處上會出現有如小說般的情節，不過因為難以顧及真正的現實，很有可能出現三餐不繼的可怕情景。所以兩個雙

魚座要想戀愛可要提前好好籌畫。

雙魚座的人性格非常極端，無法把兩件事調配好。雙魚座分兩種，一種是現實派，一種是夢幻派。這兩派對浪漫的愛慕方式不同，現實派心裡有著對於理想的浪漫想法，夢幻派是天天做夢不切實際，通常會和現實脫節。

一遇到愛情，所有的雙魚都一樣有著無可救藥的浪漫情懷。當雙魚遇到雙魚的時候最重要的事是瞭解自己在想什麼，瞭解了自己就是了解對方。雙魚往往會遇到同樣的問題，所以即使你們為對方思索也得不到答案。這樣做倒可以同病相憐一番，也可能因為這種情懷而讓雙魚座覺得愛上了對方，進而生出犧牲自己幫助對方的想法。

需要注意的是，過多的同情對雙魚來說只會使兩人更加沉淪，所以不要讓同情心氾濫。

天秤座與其他星座的速配

❤ 天秤座＋白羊座

在旁人看來，天秤與白羊天差地別，但事實上他們是會互相吸引的配對。他們重視的事情都差不多，所以只要沒有惡劣到如敵人般仇視，很有可能成為親密戰友。

天秤與白羊勢均力敵，遇到事情兩個人都喜歡堅持，而且堅持起來也都不會隨便妥協。天秤座平時是一副隨和的模樣，但是在意的事情他們一點兒都不會馬虎。和白羊座那種以自己為重心的做法不一樣，天秤很堅持什麼事都要公平。

白羊座平時看起來不太循規蹈矩，不過該講道理的時候他們也聽得懂，只是不太能理解就是了。天秤要對付白羊其實不難，只要保證氣定神閑地不管什麼事都給白羊演示一番就好了。做了，白羊座就會理解，除了浪費一些時間，天秤沒有什麼損失。

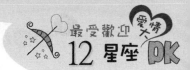

天秤座＋金牛座

天秤與金牛沒有什麼共同點，不過好在他們都是很有「氣質」的星座，所以算是挺相配的。在吸引力的作用下他們有相處的可能，但是這段感情維持長久的機率不高。

要想牛座注意自己，天秤需要引起金牛的好奇，譬如，讓自己表現出一副舒適自在的樣子。金牛座是喜歡享受的星座，很容易被能讓他們舒服的東西收買。與之交往後不要試圖改變金牛，要改變他們實在不是一般人做得到的，聰明的天秤當然不會去自討苦吃。

兩人一樣很懶，但是天秤極致的懶法顯然讓金牛甘拜下風。天秤凡事都不在意的個性，金牛是無論如何也學不會的。天秤的絕招是無人可比擬的美感，對金牛有持之以恆的吸引力。

天秤座＋雙子座

天秤座和雙子座這兩個星座都非常輕鬆自在，覺得就算是天塌下來也輪不到他們來頂。這麼志同道合，說他們不速配都不合適。所以這是一個非常順利的組合，兩個人相處輕鬆又愉快。

天秤和雙子都是與世無爭的星座，而且同樣是風象星座，在交往中兩人實在難較高低。非要做一番比較，雙子座只能算

是頑童一個，而天秤則比他們有原則，而且還多一點公道和優雅。天秤座天生具有慵懶迷人的風情，這一點雙子們完全比不上。

遇到讓自己動心的雙子，天秤只要能夠讓雙子聊個夠、表演個夠，他們就會覺得和你在一起很快樂。「放任」是雙子們最無法招架的絕招，所以平常也不太需要去管他們，雙子在外面瘋夠了自然會回到你身邊。

♥ 天秤座＋巨蟹座

天秤和巨蟹都各有各的特別之處，但他們偏偏就意見不合，而且都很受不了對方。所以，這是一個不太有希望的配對。

萬一兩人交往了，天秤似乎比巨蟹佔一些優勢。天秤是什麼時候都吃得飽、看得開的人，而巨蟹在乎的事比天秤多。天秤之所以在與巨蟹的交往中比較吃香，就是因為巨蟹會為天秤這種閒散的模樣著迷，喜歡和他們在一起的輕鬆自在的感覺。

天秤座要想搞定巨蟹座，最有效的方法就是帶給他們安全感。巨蟹最怕沒有安全感了，所以不管天秤覺得巨蟹擔心的事多麼沒道理，還是要安慰他們。而且這種安慰要每天進行多次，讓巨蟹沒有情緒化的機會。這樣，兩人的感情就能維持長久。

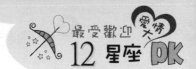

 天秤座＋獅子座

天秤和獅子都很瞭解欣賞對方，可說是惺惺相惜。因此他們通常會由朋友做起，如果有機會的話再湊成一對。他們一見鍾情的機率不高，而且相處起來也不會熱情如火，但因為有友誼的基礎，反倒讓這種淡然的感情可以長長久久。

獅子座無論何時都是比較強勢的，在兩個人的相處上天秤總是配合獅子。不過，天秤也蠻喜歡有人可以為他們做決定，不管是大事還是小事，都能讓他們脫離那種左右搖擺不定的決定過程。獅子的霸氣正好滿足了天秤的需要，加上獅子天生的獨特魅力，更是讓天秤不喜歡他們也很難。

喜歡上了獅子，天秤要搞定他們並不難。獅子喜歡聽好聽的話，天秤不是不會說好聽話，而是不屑說，除此什麼樣的事他們都做得出來。所以天秤和獅子在一起，只要嘴巴甜一點就萬事大吉了。

 天秤座＋處女座

天秤和處女，有像也有不像的地方，有點合又不會太合。好的話他們可以互相支持，不好的話則互相不滿，所以緣分在他們相處中最為重要。拋卻緣分的因素，他們是不很穩定的配對，成功的機率不是很高。

能夠讓處女座覺得很輕鬆的人實在不多，願意配合他們的

人更是少之又少。天秤自身有種優雅的氣質，遇到處女座時，天秤只要發揮一下他們合群的個性和優雅的笑容就可以了。天秤營造出的輕鬆氣氛讓處女難以自拔，能輕易讓處女緊繃的臉部肌肉鬆弛下來。

天秤與處女有個相同點就是面對事情時猶豫不決。處女的猶豫到了自虐的地步，天秤則比較瀟灑，會等有空時再想或找別人幫忙。處女座堅持一定要把事情做到最好不可，只會把自己弄得焦頭爛額，天秤的優雅會讓他們焦躁的心底如同拂過一縷清風，生出清涼淡定的感覺。

天秤座＋天秤座

同一個星座的人交往，有可能有很合的地方，但是由於雙方的缺點基本一致，遇到同樣的麻煩會更不好收拾。天秤座的決策力都不好，他們最怕遇到需要決定的事情。這兩個人要交往，最後一起生活的機率不會很高。

與天秤座相處要讓他們覺得和你在一起完全沒有壓力。天秤都喜歡輕輕鬆鬆地過日子，偶爾心血來潮一下搞一些小浪漫。天秤座之間相處，要注意利用這些特點，不要把對方看管得太嚴，要多做一些浪漫的舉動。不要看天秤老是一臉公平的模樣，他們是很容易受到感動的。只要一些微妙的感受，就能讓他們感動不已。

天秤是天生喜歡配合別人的星座，這樣的兩個人在一起會

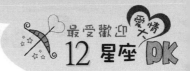

給雙方帶來困擾——到底是誰配合誰呢？因為如果兩個人都打算配合對方，這還不是最糟糕的。最糟糕的是天秤座喜歡懶散的生活，兩個人如果一起懶，生活上遇到的問題可真不少。

♥ 天秤座＋天蠍座

天秤與天蠍的速配成功的機率很高。他們雖然完全不同，但是看起來又很相配，都是很有魅力的星座。而且這兩個星座的個性互補得恰到好處，如果有緣分幾乎就能白頭到老了。

天秤最喜歡有特色的人，而天蠍座可說是有特色的人裡面的翹楚。天蠍天生具有神祕感，深深吸引了天秤座，加上天蠍天生的決斷力和驚人的意志力，使天秤能夠心甘情願地待在他們身邊。

這樣一個有特色的人，天秤座要想搞定可要下一番工夫。天秤懶散的生活態度要有所收斂，當然，你可不能被他看出你在備戰。天蠍的軟肋是他們的脾氣，只要你氣氛拿捏適當，控制住他們暴躁的脾氣，成功一定指日可待的。

♥ 天秤座＋射手座

天秤和射手的愛情往往也是從友誼開始的。這樣的戀情一般都不夠火辣，但是他們互相瞭解或互相放縱，彼此都擁有足夠的個人空間，在一起相處也是讓人艷羨的一對。

射手性格比較直接，讓天秤座很欣賞。射手天生有表現

欲，要想引起射手的注意力，天秤就要好好地欣賞他們每一次的表現。真誠的掌聲和自由的氣氛是射手座的最愛！天秤既要懂得欣賞他們，還要懂得縱容他們，千萬不要嘮嘮叨叨地掃了他們的興，無所謂的態度讓射手更樂於與你相處。

天秤老是在別人和自己之間矛盾掙扎，但射手完全沒有這種煩惱。射手任性得很直接，足夠自由與自我，這一點對天秤來說很有吸引力。此外，射手天生熱情浪漫，對天秤座有莫大的吸引力。

 ## 天秤座＋摩羯座

天秤座和摩羯座在個性上差異之大，可以說一個天上、一個地下。這兩個星座的人在生活中沒有成為仇敵就已經非常難得了，他們去談戀愛，讓旁人看來捏把冷汗。

生活中天秤與摩羯座屬於互相看不順眼的類型，天秤懶散浪漫，摩羯嚴肅實際。當然，摩羯看天秤不順眼的機率高，摩羯座看不慣天秤的懶散樣。天秤座倒不會覺得摩羯有什麼不對，反正有人自虐又不關自己的事。

天秤座喜歡上摩羯座，在與摩羯說話時要多說一點有用的話，把平常不用的公正客觀拿出來好好表現一下，摩羯自然會對你另眼看待。摩羯座是實用主義者，把自己塑造成有用的人物才會吸引他們的注意。

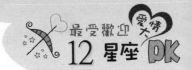
天秤座＋水瓶座

天秤和水瓶都是風象星座，不論哪一方面都是配合得天衣無縫，屬於人人稱羨的天作之合。

天秤和水瓶都很擅長處理人際關係，兩人都很受大家歡迎。這兩個人交往時，水瓶是比較佔上風的，而且掌握重大事情的決定權。天秤座對水瓶獨特的個人風格非常迷戀，而且水瓶天生冷靜理智，做什麼事情都無懈可擊，更是讓天秤佩服得五體投地。

水瓶座也不是完全沒有缺點，他們最大的軟肋就是不專情。他們對情人和朋友是沒什麼差別的，針對這一點，天秤座可以絞盡腦汁成為他們最好的朋友，然後再慢慢地瞭解他們。等到水瓶發現天秤非常瞭解自己，就會慢慢地將視線從別人身上收回來，專注到與天秤的愛情中。

天秤座＋雙魚座

天秤和雙魚絕對是志同道合的組合。他們都是又懶惰又浪漫，所以在個性上也會遷就對方。在他人看來，天秤和雙魚的戀愛如同浪漫小說般。不過，這個配對有點不切實際，相處浪漫，共同生活很難。

天秤與雙魚交往起來，雙魚佔的優勢多一些。雙魚全身上下都散發著藝術家的氣息，是充滿了浪漫神祕風情的星座，天

秤對雙魚這種氣質迷戀不已。在與雙魚的相處中，天秤骨子裡浪漫不食人間煙火的那份情懷也被引導出來，不知不覺地隨著雙魚的情緒或悲或喜，一副沉醉顛倒的模樣。

　　天秤沉迷於對雙魚的愛戀，但是對雙魚捉摸不定的性情頭痛不已。面對雙魚難以理解的話語，天秤感到摸不著頭腦。但是雙魚的氣質、營造的氛圍會把天秤唬住，懵懵懂懂地就談起戀愛來。與雙魚交往，天秤一定要保持清醒，不要只看到風花雪月，才能在感情的發展上掌握主動權。

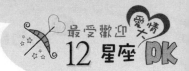
天蠍座與其他星座的速配

❤ 天蠍座＋白羊座

天蠍與白羊雖然看起來沒什麼瓜葛，但是屬於一個充滿吸引力的組合。兩個看起來八竿子打不著的人卻能夠感受到對方身上特殊的魅力，開始一段轟轟烈烈的戀情。

深沉的天蠍會深深為白羊座著迷。白羊座天真無邪，有一種直來直去的熱情。不過在這段感情中，處於下風的是白羊座。單純的白羊座愛上一個人不會思前想後，喜歡就一頭栽進去再說，因此吃虧的機率高。

天蠍座喜歡白羊座，不用花太多力氣，只要擺好姿態等著白羊座自動來上鉤就好了。白羊座如同小太陽般在人群中散發著光芒和熱力，是人群的焦點。但是他們總會默默關注著黑暗中的天蠍，並為天蠍們神魂顛倒。所以面對天蠍的誘惑，傻乎乎的白羊只會開開心心的上鉤，不會想東想西。

天蠍座＋金牛座

天蠍要是與金牛配對成功，絕對可以長長久久，想拆散他們的組合會非常難。因為他們都是意志力非常堅強的星座，一旦達成共識，就會堅持到底，不會動搖。

一般人認為，天蠍與金牛談戀愛，佔上風的一定會是天蠍。但令人意外的是，與天蠍戀愛時老實的金牛會佔上風！因為金牛座面對天蠍座的勾引不會心癢難耐。天蠍要主動很多，才能煽動起金牛的熱情，這種狀況讓天蠍大跌眼鏡。總之在天蠍與金牛的交往中，會失掉冷靜的特色，不得不開始明著對金牛發動進攻，只有這樣金牛座才會慢騰騰地考慮與天蠍的關係。

天蠍喜歡上了金牛一定要主動，不然要等金牛主動實在是太困難了。天蠍常常要積極地勾引和誘拐好幾次金牛才會開始有反應。所以和金牛在一起的時候，天蠍一定要表現出很配合的樣子。

等到金牛開始考慮兩個人未來的事的時候，天蠍座就可以放心地享受愛情的果實，不用怕金牛會跑掉了。

天蠍座＋雙子座

天蠍和雙子在一起會有神祕的吸引力，很容易產生火花。兩人都覺得征服對方是個偉大的挑戰，所以因想要征服對方而在一起的可能性很大。這類感情，開始容易，長久相處很難。

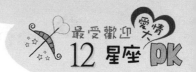

　　天蠍與雙子相處的時候，勢均力敵，沒什麼強弱可分。如果要比較算計的天分，天蠍比雙子更勝一籌。天蠍總是出陰招，往往看起來事不關己，其實卻是背後的主謀。雙子可沒有天蠍這種小心眼，過起招來總會是吃虧的一方。

　　綜合而論，雙子其實比天蠍善良多了。他們的聰明智慧真的只是用來玩玩而已，不像天蠍，做什麼事都有目的。所以與雙子相處天蠍不用緊張，只要抓住雙子的好奇心、吊足他們的胃口就能搞定雙子。

 ## 天蠍座＋巨蟹座

　　天蠍和巨蟹對愛情的態度都非常專一的，一旦認定對方就不會想要改變。而且兩個人都非常重視感情的長久經營，所以他們是一個深情的組合，能穩定下來成家立業、生兒育女的機率相當高。

　　天蠍與巨蟹相處，天蠍是佔上風的一方。天蠍深情款款，偶爾表現出來的妒意或佔有欲，這讓巨蟹們非常著迷，感受到濃濃的安全感。所以對巨蟹來說，天蠍是完美的情人，看起來好像沒什麼缺點。

　　面對心目中的完美情人天蠍，巨蟹當然要表現出小鳥依人的一面，對天蠍百依百順了。

　　巨蟹與天蠍在一起時，表面上雖然倔強得很，但是實際上心頭早已小鹿亂撞。所以面對巨蟹，天蠍只要表現出自己的深

情款款就好，光是這一點就足以讓巨蟹感動不已、手忙腳亂。即使是心有所屬的巨蟹，也完全可能為魅力十足的天蠍動心。

天蠍座＋獅子座

常言道「一山不容二虎」，天蠍與獅子實在是一個讓人非常頭痛的組合。他們都具有天生的王者氣質，兩人遇到一起很有可能成為死對頭。

一旦這兩個氣質明星相遇，氣勢上不分上下，都是氣勢十足。但是天蠍比獅子更懂得來陰的，而獅子座天生正大光明，對天蠍的陰招防不勝防。獅子如果遇上了天蠍這個天生的謀略家，一定會被吃得死死的。

天蠍座喜歡上了獅子座，要把他們搞定是很簡單的事情。獅子喜歡聽奉承話，天蠍不屑說好聽的話。不過天蠍什麼樣的事都做得出來，只要一耍陰謀詭計，輕而易舉地就能安撫獅子。

天蠍座＋處女座

天蠍座專注，處女座閒散，他們彼此完全不同。不過也正是因為如此，他們很可能會互相吸引。如果有足夠的機緣，讓天蠍和處女找到平衡點互相補足，兩人相愛的機率還是非常大的。

天蠍的穩定可以給處女足夠的安全感。尤其當處女座們緊

張不已的時候，天蠍的存在對處女來說就是一顆定心丸。天蠍
的心思細密對處女也極具吸引力，天蠍總是能敏銳地察覺到處
女座的感受。

通常，只要你真正瞭解處女座的感受，就很容易得到處女
座們的青睞。所以天蠍喜歡處女時，只要保持自己的沉穩就能
對處女產生足夠的吸引力了。

交往起來，天蠍比處女座佔的優勢多。因為天蠍不會顯露
出自己的心情，能夠掌握大局。處女座總是神經緊張，會因為
過於關注小細節而忘了大方向。天蠍座會幫助處女排解過度的
焦慮，讓處女座安心不已，所以處女會心甘情願地順從天蠍的
掌控。

♥ 天蠍座＋天秤座

天蠍和天秤很能互相瞭解，因為他們都執著於完美，所以
很瞭解對方內心的矛盾。這兩個星座相處時，沒有什麼激烈的
感情，但是彼此感覺卻很溫暖。兩人惺惺相惜，適合從朋友開
始發展。

天蠍很明顯地比天秤要強勢，因為天秤很在乎別人的感
受，而天蠍不太管別人死活，長久相處下來，大半時間都是天
秤在遷就天蠍。

雖然天蠍這點比較讓人討厭，但是他們具有天秤最喜歡的
神祕的特質，並能不斷地引起天秤強烈的好奇心，所以天蠍能

長久地掌控著主動權。

　　對天秤座動了心，天蠍座只要保持自己的神祕感與魅力就能使天秤們傾倒。即使任性點也無所謂，在天秤看來，任性的天蠍更是魅力十足。

 天蠍座＋天蠍座

　　天蠍與天蠍速配成功的機率不高，他們都想主導感情，但是事實上，能在感情上起引導作用的只能有一方。這就註定了除非有一方臣服，否則兩人只會鬥得兩敗俱傷，無法長久相處下去。

　　天蠍座是以耍心機聞名的星座，所以兩個喜歡耍心機的天蠍湊在一起，一定會上演熱鬧的爭奪戰。他們會互不相讓，表面上又會表現得心無雜念，在旁人看起來這場沒有硝煙的戰爭真是可怕。兩個天蠍的心機不相上下，最後誰輸誰贏就要看誰技高一籌了。

　　天蠍遇上天蠍，要摸清楚他的企圖，雖然雙方勢均力敵，但小心仔細地觀察一定會發現一些蛛絲馬跡。對方不注意的時候再出其不意攻其不備，這麼一來才能取得最後的勝利。

　　天蠍與天蠍要想長久相處，最重要的是要讓對方放下心理防禦，以免兩人都太緊張。

 天蠍座＋射手座

　　天蠍與射手相互間吸引力很強，分開的機率也很大。因為這兩個星座很不一樣，都很有個性，兩人容易有矛盾。但是如果天蠍和射手能夠找到彼此的平衡點，就能和睦相處，有份不錯的感情。

　　天蠍和射手交往時，屬於比較辛苦的一方。天蠍雖然比較任性，但是射手的任性更在天蠍之上，加上他們那種隨性的態度，要掌握他們需要費不少心思。

　　如果對天蠍的隨性態度放任不管，天蠍能生活的輕鬆些，但天蠍偏偏是那種喜歡掌控大局的人。更加可怕的是，天蠍對射手天馬行空的想法不甚瞭解，總得絞盡腦汁揣摩射手的心思。

　　天蠍與射手相處，要不就說實話，要不就不要說，不要有任何欺騙射手座的想法，因為射手座很容易就可以看出事情不合理的地方。

　　射手不喜歡說話迂迴曲折的人，直接一點他們反而能夠接受你的意見，並對你的誠實和直接表示欣賞。

♥ 天蠍座＋摩羯座

　　天蠍和摩羯都非常深沉，常常在謀畫算計別人，所以這樣的組合很少，能不能在一起就要看緣分了。

　　天蠍如果對摩羯動了心，要一開始就要搞清楚他們的目標是什麼。對摩羯來說，對未來沒有幫助的虧本生意他們是不會

去做的。所以天蠍只要先找出摩羯的目標，對摩羯的行為模式就很好掌控了。而且摩羯座很少改變目標，天蠍座只要制定了一個作戰計劃就能一路實施到底，非常省力。

天蠍與摩羯非常相像，但是摩羯們都比較深謀遠慮些，長遠看來在交往關係中比天蠍更勝一籌。天蠍最後會是落敗的一方，因為他們沒有精力和摩羯耗這麼久、花這麼多精神。

❤ 天蠍座＋水瓶座

天蠍和水瓶常常明爭暗鬥，表面上看起來不錯，私底下可能是天敵。這是個兇險的配對，雙方相處也不太能達成共識。

天蠍要想追求水瓶座，先得在自己身上下工夫。對水瓶來說自由是最重要的，而天蠍座總是想掌控他人。天蠍的這種個性，讓水瓶退避三舍。天蠍得放棄自己的掌控欲，不然兩人的發展是不會順利的。至於水瓶的其他表現，天蠍只要保持欣賞的態度就行了。

天蠍與水瓶相處，水瓶較為占上風，因為水瓶比天蠍任性一點。水瓶我行我素，讓天蠍座完全搞不清楚他們到底在想什麼。

❤ 天蠍座＋雙魚座

天蠍與雙魚不但對事情的看法相近，而且對感情的態度相同，一旦速配成功就很穩定。

　　兩個星座浪漫熱情，彼此間能激起深刻的感覺。天蠍很喜歡雙魚那種迷糊又可愛的個性，而且雙魚對於事情的看法都能給天蠍帶來一種溫柔的感覺，讓天蠍非常依戀。總體看來，這是一個很速配的組合，而且天蠍對雙魚的迷戀會更多一些。

　　遇到雙魚座，天蠍不要擺出很酷的樣子，要在兩個人之間培育出溫暖雋永的感覺，才能留住雙魚座的心，讓感情豐富的雙魚座覺得特別的眷戀。雙魚會為溫柔的人而沉溺，冷冰冰的人提不起他們的興趣。

射手座與其他星座的速配

 射手座＋白羊座

射手與白羊都是單純、沒有心機的星座，所以相處起來非常的直接。他們都那麼活力四射，會一拍即合快速發展。

射手與白羊的熱辣戀情會讓旁人艷羨不已，覺得他們十分速配。射手很少見過白羊這麼坦白的人，與白羊在一起的時候他們會覺得全身舒暢。

白羊座異於常人的單純，會讓射手非常迷戀。所以白羊總能在一群人當中立刻引起射手的注意，讓射手們心頭燃起熊熊愛火。

射手座想追求白羊座，只要把他們當成小孩一樣寵愛、陪他們四處去瘋玩就可以了。當白羊座發現與你在一起時有多麼快樂，他們很快就會接受並且重視你的存在，由此戀情得以延續保持。

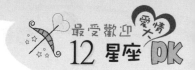

射手座＋金牛座

　　射手和金牛彼此間相像的地方很少，也因此有了意外的吸引力。所以這個組合雖然特別，但不是完全不可能。

　　金牛重視安全感。射手追求金牛要把自己塑造成一副可靠的模樣，並且有個不錯的前程——這會讓金牛覺得前程無憂，因而能考慮與你交往。

　　真正交往起來，射手比較佔優勢。射手座喜歡四處遊歷追求自由，而金牛座偏偏佔有欲比較旺盛，結果兩人在一起的時候最常做的事情就是互相鬥爭。對這種事情射手一般不太在乎，等他們出去遊蕩回來，金牛最多是在原地生生氣罷了，難怪射手座會是佔優勢的一方。

射手座＋雙子座

　　射手與雙子有非常像的地方，也有非常不像的地方。面對這種和自己又像又不像的人，要不是恨得牙癢癢的，要麼就產生致命的吸引力，產生「吸力」很強的組合。

　　天生聰慧的雙子們喜歡用說謊證明自己的智商，並以能欺騙所有人為榮。不過一旦遇到射手座，雙子座的謊話就再也沒有用了。射手可以說是雙子座天生的剋星，他們有超強的第六感，知道什麼是真的什麼是假的，雙子們的小謊言別想欺騙到他們。

射手遇到雙子忙著拆穿他們的謊話,這會嚴重干擾到雙子的興致。遇到這種情況不妨有默契一點,和雙子座演一齣雙簧共同欺騙別人,讓雙子座對你生出知己的感覺。讓他們覺得再也沒有人比你更能配合他們了,一定會使你在雙子心目中的地位立刻上升,與你越走越近。

♥ 射手座+巨蟹座

出乎所有人的意料,文靜秀氣的巨蟹對於射手有超致命的吸引力。這種吸引力使得看似不相干的兩個星座有機會開始一場轟轟烈烈的愛情。

巨蟹那種溫文無害的微笑,會使風度翩翩的射手心中興起強烈的保護欲。而巨蟹那種受傷害的表情更讓射手心疼得要命,無論男女射手,都會被巨蟹天生的神祕氣質迷得七葷八素。

射手面對巨蟹會不知如何下手,因為他們不能瞭解巨蟹文靜的微笑下到底藏了什麼個性。其實只要給巨蟹足夠的安全感,他們就會乖乖地跟隨你們了。偶爾巨蟹會有些歇斯底里的行為,射手們可以不用太在意,忽略不計較就好了。

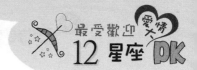

射手座＋獅子座

射手和獅子兩個都是火象星座，談起戀愛來絕對比別人的熱情高出數倍。他們因為個性上的相似，很少會對對方心生不滿，超級速配。

射手喜歡獅子，不妨湊在一起和他們搞怪作亂，這會讓你們之間產生深厚的感情。通常射手想做的事情也會是獅子座有興趣的，所以平常有事沒事陪著他們一起做些瑣事，這會讓他們覺得很高興。想和獅子座交往，只要讓他們知道你在哪裡就好了，主動報告會讓他們放心，覺得你很依戀他們，慢慢就會走得很近了。

獅子座天生喜歡掌控全局，射手的自由個性會讓獅子座產生不安全感。但是射手座天生喜歡自由自在，不怎麼喜歡被綁得死死的，就算對獅子感情再好，也不喜歡失去自由的感覺，自然會我行我素。所以他們相處，獅子可能是感覺到苦澀比較多的一方。

射手座＋處女座

射手與處女天生互相反感，交往的機率很低。即使因為緣分的原因聚在一起，不久也會分離。

射手遇到處女座不要一味地保持自己大方不計較的個性，應該趕快拿出自己的誠意。只要挑剔的處女座被射手的誠意感

動，自然會睜隻眼閉隻眼，對於別的事情不再挑剔。接下來，射手們與處女們相處時要表現出義無反顧和兩肋插刀的樣子，讓他們深深感動，那麼他們對你交心的日子就不遠了。

處女座的心眼比射手多，射手座又比較大而化之，相處起來，處女屬於比較佔優勢的一方。處女座有種天生的神祕感叫射手著迷，即使吃虧一些，射手也不會太在意，乖乖地大事小事聽從處女座派遣。

射手座＋天秤座

射手和天秤也算是很速配的組合，他們互相欣賞的成分比較多一些，不會有太過熱辣的情感。他們常常都是從朋友轉型成戀人的，所以彼此比較瞭解，相處融洽。

射手座的專長是耍寶，總能把把氣氛弄得輕鬆又愉快，這恰好是對付天秤的法寶。天生有表演才能的射手們總是可以吸引天秤的注意力，讓天秤開開心心玩得非常愉快。從這個角度上講，射手座要想追天秤座真是小菜一碟。聰明的射手座會給天秤座更多的自由，讓天秤感到自在沒有任何壓力，對射手的好感度再加分。

射手與天秤在一起時射手座比較吃香。因為射手們一般比較有主見，而天秤一向沒有太多意見，相處的時候大部分的事情都需要射手幫忙做主。日子久了天秤習慣了有射手幫他們做決定的日子，自然會對射手座生出依賴心。

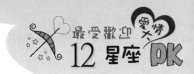

射手座＋天蠍座

射手與天蠍真的差很多，不過剛好可以順便引出對方的另一面，產生互補的效果。不過這種組合通常都要有特別的緣分才可能促成。

天蠍天生神祕，射手們不要和其他人一樣試圖猜測天蠍座。射手只要表現出自己的風度和智慧、顯示出自己的真性情就能讓天蠍另眼看待。射手能很輕鬆地就能得到天蠍座的重視是因為虛偽的人很多，射手的率直能讓天蠍感到強烈的吸引力。

天蠍比較深沉，射手們基本上能瞭解天蠍座的想法和做法，對天蠍座來說是個驚喜。射手們開朗聰明，不會太過隱藏自己的想法，讓天蠍在與射手們相處時不會太費心機，能夠非常輕鬆地面對自己。

射手座＋射手座

射手與射手不算是很冤家的組合。這是兩個完全一樣的星座，所以合的時候非常合，不合的時候也會讓彼此間非常厭惡。

射手座與射手座相處，任性一點反而會增加你們相處時的情趣。如果兩個人能一起做生活中的瑣事，能享受到的樂趣會更多。射手座都是很樂觀的人，只要兩人能相處的自在，就算

產生摩擦，兩人也很快就忘記了，誰也不會多計較。

　　射手座的習慣個性都很類似，所以他們好的時候讓大家嫉妒又羨慕，不好的時候又是仇人見面分外眼紅，或者來個不聞不問，很極端。射手都喜歡追求自由，所以不要過多地束縛對方，才能使這段感情發展得更為長久。

射手座＋摩羯座

　　射手與摩羯的組合並不多見，但一旦在一起就會是很堅定的組合。因為無論是射手還是摩羯在愛情的態度上都有些保守，加上彼此的個性可以互補，所以感情是可以長久發展的。

　　因為摩羯們是不會浪費任何時間在沒用的事情上的，所以遇到摩羯座不如多和他們聊一聊未來的夢想。如果你們有同樣的理想，那麼你成為摩羯理想伴侶的機會就大了許多。摩羯們需要一個陪他奮鬥的伴侶，所以擺出支持他們的態度，就能得到他們的青睞。

　　摩羯們天生的成熟穩重，讓射手們有踏實的感覺。摩羯對什麼事情都認真的態度，雖然一開始好像有些無聊，但是越到後來越讓射手覺得摩羯座可靠。射手們最開始是佩服摩羯們的臨危不亂，認識越久就看到摩羯座更多優點，讓射手們對於摩羯產生不少依賴感。

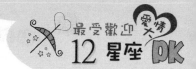

射手座＋水瓶座

　　射手和水瓶非常欣賞對方，也很瞭解對方的個性，在愛情上算是比較理性的一對。他們很少被愛沖昏頭，能夠互相溝通，關係親密但不會互相牽絆，屬於由朋友變成情人的類型。

　　射手對水瓶只要擺出認可的態度就可以了。想要擺平水瓶就從當他最好的朋友開始，因為對水瓶來說所有的關係中最重要的是朋友關係。只要成為水瓶的朋友，他們不管想什麼都會跟你說，這麼一來再發展情人關係就會省事很多。如果射手能夠選擇一些水瓶喜歡的小花招經營愛情，會讓水瓶的愛更加長久。

　　射手和水瓶都有點任性，不過水瓶的任性比射手們要多很多，射手們面對水瓶當然只有認輸的份了。射手們迷戀水瓶我行我素的行事風格，對於水瓶的任性自然也就能夠忍耐包容了。

射手座＋雙魚座

　　射手和雙魚這個組合雖然沒什麼爭執或火爆的場面，但是他們的確不容易摩擦出愛的火花，所以速配的機會不多。

　　射手座要是對雙魚有好感，需要收起自己吊兒郎當的性格，把自己裝扮成癡情的故事主角，讓天性浪漫的雙魚感動不

已。即使是為了配合浪漫的氣氛，雙魚也會義無反顧地投入你的懷抱。只要能在生活中持之以恆地營造浪漫，就能讓雙魚一直保持與你的愛的溫度。

雙魚座的神祕使他們成為難懂的一群人，而射手偏偏對奇奇怪怪的人有很大的好奇心。神祕與浪漫疊加起來，使雙魚在射手心目中魅力十足，自然而然會追著雙魚跑，成為他們的裙下臣。

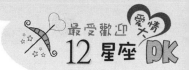

摩羯座與其他星座的速配

 摩羯座＋白羊座

摩羯座和白羊座屬於互相看不順眼的星座，因為他們性格相差太遠，別說做情侶，即使做朋友也會互相敵對。

不過在愛情的力量下，一切皆有可能。這兩個星座如果作為情侶相處，摩羯座要表現出巨大的包容心，千萬別太愛計較，那樣只能讓摩羯座未老先衰。通常只要摩羯座能包容白羊座，白羊座也會感受到摩羯座給他們的安全感。

白羊座雖然愛玩，但是比較有家庭觀念，無論他們在外面玩得多瘋，最後還是記著要回家的。所以，摩羯座不要老是要為白羊座做的一些事提心吊膽。

白羊座性格中有一種過分天真、直來直去的孩子氣。這種性格對於老謀深算的摩羯來說有一種難以名狀的魅力，亦是這對不被看好的組合感情得以維持下去的一大動力。

摩羯座＋金牛座

摩羯座和金牛座實在是志同道合的星座。這兩個星座相處的時候不用花太多力氣互相溝通，只要把兩人未來的藍圖攤開來對照看看合不合、有沒有需要修改和互相配合的地方就可以了。只要大方向不錯，兩個人會一直埋頭奮鬥下去。

摩羯座與金牛座相處的方式有點兒像共同創業，他們都是實際型的，會因為實際層面的互相認同而在一起，一旦在一起了就會打算長久經營。目標的一致、相同的固執，他們在一起時彼此間不會去分個高下，而會去相互影響、共同努力。尤其是摩羯座的努力會影響到原本有些原地踏步的金牛座，讓他們可以有更高的理想，可以更上一層樓。

摩羯和金牛一旦結合在一起就有無堅不摧的強大力量，能一起打拼出一片新天地。可以說，他們是事業成功夫妻的代表。

摩羯座＋雙子座

摩羯座和雙子座會被彼此間不同的特質吸引，輕易擦出愛的火花。不過，之前引爆兩人情感小宇宙的不同性格亦會在今後的交往中埋下定時炸彈，兩人很有可能因為性格問題而分手。所以，如果摩羯和雙子在一起，不要為他們迅速來電感到驚訝，也不要對他們的感情能天長地久抱有奢望。

摩羯如果深愛雙子，千萬不要讓他們覺得你智商低。機靈

的雙子不喜歡自己的另一半不如自己聰明，因此只要讓雙子座感受到你是比他們還聰明的，那麼他們就離不開你了。和一個聰明人相處有某種挑戰的意味，這種挑戰讓雙子們充滿了鬥志，只要如此這般的一直保持下去，愛情的長久指日可待。

摩羯在與雙子的愛情交往中，是比較辛苦的一方。摩羯是一個比較看不開的星座，不但看不開還認為只要努力就會成功。而雙子座比較聰明，而且他們天生自由，沒有把感情看得那麼重。雙子的這種態度牢牢吸引了摩羯，也讓摩羯維持這段感情感覺倍加辛苦。

摩羯座＋巨蟹座

當摩羯與巨蟹交往的時候，一個星座中的絕配誕生了。

摩羯座與巨蟹座交往起來，兩個人都規矩而踏實的為未來而努力，沒有什麼鉤心鬥角的問題。即使有一致的意見，雙方也會互相理解、相互妥協，儘快把問題處理掉。所以這是一個很堅強的組合，一旦配對成功就很難有什麼原因能把兩人分開了。這兩個星座對於成家立業都有相近的認識，目標差不多，所以在一起後就會為以後的生活準備。

摩羯座要想追求巨蟹，可以趕快把心目中未來的目標拿出來實現，讓巨蟹感到前途一片美好，充滿安全的感覺，成就這段感情就沒什麼問題了。巨蟹不會扯摩羯愛人的後腿，如果你在為兩個人的未來打拼，那麼巨蟹一定會全心支持你，讓你沒

有後顧之憂。摩羯需要做的就是平常一定要表現出對巨蟹的重視，讓他們安心等待你的成功。

如果非要給這對璧人找點兒什麼缺點，可能就是他們太為生活而努力了，有點不夠浪漫吧！

摩羯座＋獅子座

摩羯座與獅子座是十二星座中有名的兩個固執己見的傢伙。他們兩人遇到一起並擦出愛的火花，實在是個奇蹟——兩人沒有打起來就已經很難得了。也正因為如此，能找到共同語言的摩羯和獅子想維持感情並不輕鬆，分手的可能性很高。

摩羯座的人往往深思熟慮，在與獅子相處時比較佔優勢。在很多事情上摩羯都比獅子座來得深思熟慮多了。而且摩羯座相當瞭解獅子，但是獅子座就不一定瞭解摩羯心裡在想什麼。獅子都好面子，喜歡聽好話，只要把獅子座的自尊捧得高高的就萬無一失了。所以，這段感情能否維持主要看摩羯座。

摩羯座＋處女座

摩羯與處女的感情像一罈好酒，時間越久越香醇濃厚。兩個星座在一起非常溫馨，雖然沒有驚天動地海誓山盟，但會有逐漸加溫型的感情，時間越久就越深刻。兩個人表達感情的方式相當一致，內斂但卻頗為纏綿。這種難得的默契和瞭解是處女座最無法抗拒的地方，這一對情侶是能夠長久經營的組合。

　　瞭解處女座們的人實在不多。處女座們擁有與生俱來的複雜，遇到處女座，摩羯們只要默默地關心，就能夠引起處女座們的好感和注意。接下來，摩羯再加上一些安全感和足以讓人感動的誠意，處女座們自然會乖乖地束手就擒。

　　在遇到事情的時候處女座對摩羯的依賴會更多。尤其是處女座一片混亂正需要摩羯座的幫忙的時候，摩羯座的條理分明讓處女座們感受到難得的安全感。

 ## 摩羯座＋天秤座

　　摩羯座與天秤座完全合不來。這兩個星座的生活觀念完全不一樣的，兩個人相處難免有一些互相折磨的現象。

　　一般來說，摩羯與天秤為了避免大家不高興，只想要躲對方躲得遠一些，連說話都不用了。在遇到生活和工作等不得不溝通的問題，摩羯與天秤會溝通得一場糊塗。觀念上的天差地別讓兩個人沒有辦法找到任何的共識，到最後連批評對方的力氣也沒有了。

　　摩羯與天秤要是想發生戀情，得先從建立兩人良好的共識開始。摩羯座應該率先把冷冰冰的面孔收起來，免得嚇到天秤。此外，相處時嚴謹的摩羯不要太責備天秤懶散的生活方式，試著尋找天秤座的優點，把氣氛弄輕鬆一些。輕鬆的氛圍有助於摩羯與天秤的溝通，對增進兩人感情大有裨益。

摩羯座＋天蠍座

摩羯座與天蠍座能輕易找到共同點：他們的智商都很高。此外，這兩個星座的溝通很順暢，平時不會有什麼齟齬，不會成為敵人。如果能找到共同的目標，他們完全可以在事業方面大展拳腳，成就一番事業。

摩羯與天蠍都是聰明人，但是天蠍座似乎更勝一籌。在彌補智商差距方面，摩羯可以為天蠍想得更多、更周密，讓天蠍不得不對你刮目相看。聰明的天蠍明確知道生活中什麼人能給予他最大的幫助，發現你「非常有用」，一定會不遺餘力地拉攏你，這樣摩羯能順利走近天蠍。

摩羯也有自己的優勢，那就是深思熟慮。天蠍往往不會有多麼長遠的計劃，主要是由於天蠍對名利的重視程度不那麼重。摩羯恰恰相反，遇事深思熟慮，工作計劃甚至能排到幾年之後。摩羯座可以利用這一點與天蠍達成互補，讓自己成為天蠍的得力夥伴。

摩羯座＋射手座

摩羯遇到射手，只要兩人速配成功，就能長久相處。

不管怎麼說這是一個相當堅強的組合，當然前提是這個速配已經成功了才行！這種組合並不多見，不過因為兩個人都有些固執，一旦合作那就很難分開了，會是長久穩固型的配對。

射手最喜歡摩羯的踏實，所以在這個配對中摩羯稍稍吃香一點。只要摩羯提出的目標計劃是射手滿意的，那麼射手就會依賴摩羯對於未來的規劃。射手座自身總是在改變目標，他們也為此而痛苦，因此對於摩羯的計劃他們樂於配合。

摩羯在制定計劃時需要注意一些問題。譬如，摩羯們不妨好好觀察一下射手座的目標在哪兒，還有他們對於這段感情的期望，再擬定一些可行的計劃。只要摩羯的計劃能打開射手的心扉，這兩人自然會因為相同的計劃而覺得特別的親近。在一派融洽的相處氛圍中，即使有些小摩擦、小不適也會被滿滿的幸福感淹沒掉。

♥ 摩羯座＋摩羯座

同星座組合，由於雙方容易有相同的目標，而且通常很願意一起努力，所以成功的機率很高。兩個摩羯一旦配對，幾乎就是結成了堅強的聯盟，兩人不容易分開。

摩羯座的配對並不難，兩個摩羯之間相同的氣質會吸引對方的注意。由於是完全一樣的星座，兩人相處起來勢均力敵。只要不是女方過於蠻橫任性影響到兩人關係，一樣的想法和一樣的目標會把兩人緊密地結合在一起。

摩羯們相處後要多花一些時間在互相瞭解上，如果對你同為摩羯的愛人不放心，那就找一件事情兩人一起做，把他的注意力吸引到你們的共同事業上來。摩羯座會為實現目標拼命努

力，兩個人共同奮鬥會產生同樣的心情，也會讓兩個人更加親密。

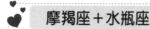

摩羯座＋水瓶座

摩羯座與水瓶座雖然差異很大，勝在頗有緣分。雖然這個星座組合可能無法長久地發展下去，但是兩人只要堅持交流彼此妥協，還是有成功的可能。

摩羯和水瓶對於自己的想法都相當堅持，也都想改變對方的想法，這種狀況讓雙方關係緊張，會產生摩擦。一般說來水瓶比摩羯我行我素許多，並不在乎別人的眼光，在吵嘴時比摩羯座佔優勢一些。摩羯比較介意別人對自己的想法，所以一旦有了爭執，往往會是最先敗退的一方。

人是非常矛盾的，水瓶的自作主張讓摩羯非常為難，但這也正是水瓶吸引摩羯的魅力點。摩羯就在水瓶這種帶著些許誘惑性的「缺點」中搖擺，不知是進是退，是合是分。

摩羯座對付水瓶座最聰明的做法就是承認水瓶實在很難改變，放任他們，做自己該做的事情。自由的感覺讓水瓶的心情非常舒暢，這時他們會自然而然地回頭關注下自己的摩羯戀人。摩羯的寬容會讓他們心生感動，並自覺地去為了這段關係修正自己的想法。

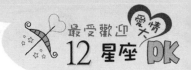

 摩羯座＋雙魚座

　　摩羯座、雙魚座都心思細膩。在這個大原則下，雖然兩人的目標、想法都不一樣，但是卻有非常好的默契，對對方有深刻的瞭解。所以摩羯與雙魚的組合不但能成功成就婚姻，還會洋溢著浪漫的氛圍，讓人非常羨慕。

　　外人看來老謀深算的摩羯在這個組合中似乎更強勢一些，楚楚可人的雙魚座是不會在兩人相處時佔上風的。事實是，雙魚的溫柔會讓摩羯座顯出強烈的保護欲，加上雙魚座的溫柔體貼總是會讓摩羯們感動不已，很容易就對雙魚們舉雙手投降。

　　雙魚一個溫柔的眼神，就會讓摩羯縝密的心思瞬間沒有了用武之地。不管為雙魚座多麼的神魂顛倒，遇到雙魚座摩羯們一定要擺出一副氣定神閑的模樣。摩羯千萬不要一副沒主見的模樣，而要擺出父母親的姿態，讓雙魚對你產生難以言喻的依賴感。冷靜溫柔的摩羯對雙魚而言是最好的避風港，能讓他們非常有安全感。

水瓶座與其他星座的速配

 水瓶座＋白羊座

　　互相信任是水瓶和白羊最大的特色，就算有疑問也不會太快顯露。所以，這兩個星座如果能產生愛情絕對和兩個人緊密的友情有關。

　　水瓶的人有些冷漠，白羊座的熱情會讓他們感覺非常好奇，不理解為什麼白羊總是那麼活力四射。白羊座也喜歡招惹水瓶，因為他們覺得水瓶有些呆呆的，對他們熱情友善的表示不太有反應。事實上，是白羊座的熱情將水瓶座嚇呆了！

　　水瓶動也不動的呆樣，形成一種奇怪的吸引力，讓白羊座關心地圍繞在他身邊。遇到白羊座，水瓶只要按兵不動就好了。如果兩人有機會相處，水瓶只要多多發揮自己智慧和動人的口才就足以把白羊座拴到自己身邊。

水瓶座＋金牛座

　　水瓶座與金牛座是完全不同的兩個星座，相處起來總是刀

光劍影，若不是有孽緣在身就老死不相往來，所以有星座專家評價說這是一個非常激烈的組合！

水瓶的臉皮比金牛座厚，兩人相處的時候屬於比較強勢的一方。金牛座吃虧就吃虧在好面子上，有損顏面的事他們說什麼也做不出來，水瓶卻從來不管別人怎麼想，自然把金牛吃得死死的，這讓金牛非常無奈，但卻毫無辦法。

水瓶座要誘拐牛座最好的方式就是擺出自己最好的一面，讓金牛評估個夠。等你吸引住了金牛座，掌控的權利就到了你的手上了。水瓶要完全無視金牛溫文的個性，以賴皮的嘴臉取勝，讓金牛對你沒轍。接下來再甜言蜜語幾句，金牛座會立馬繳械投降。

水瓶座＋雙子座

水瓶座和雙子是兩個很相似的星座，在一起不用說太多話就心有靈犀一點通，默契好得讓旁人妒忌。不過，他們之間的默契是朋友間的默契而不是情人的默契，這個配對沒有什麼熱情，相處比較像朋友。

這樣有名的黃金配對怎麼能就這樣浪費了？還是找機會發展下關係比較好。雙子們的習性和水瓶差不多，都很喜歡玩，而且一般居無定所、酷愛自由，兩個人在一起輕鬆又愜意。所以如果水瓶喜歡雙子，只要做回自己就好了，就能和雙子遊刃有餘地相處。即使最後成不了戀人，也會相處得很愉快。

水瓶和雙子相處水瓶比較佔優勢，因為種種智力的比較中，水瓶似乎略勝一籌。並不是說雙子比較笨，而是水瓶想得總是比較周全一些，而且記憶力比較好。雙子們玩心太重，玩著玩著就忘記了，要是情侶吵架，翻舊帳記性不好可是很吃虧的。不過這種機會不多，水瓶和雙子都不喜歡記仇。

♥ 水瓶座＋巨蟹座

水瓶座和巨蟹座看來差十萬八千里，但也是因差異反而產生更大的吸引力，所以這也是一個蠻有吸引力的組合。

不知道什麼原因，巨蟹看到水瓶就會安靜下來，沒什麼情緒好發洩。所以巨蟹特別喜歡待在水瓶身邊，這樣長久下來自然會日久生情。至於為什麼水瓶可以安撫巨蟹的神經，水瓶自己也說不清。可能是因為水瓶座總是那麼溫柔和藹，讓巨蟹充滿安全感，所以才會生出這種奇妙的效果，所以水瓶一定要保持良好的脾氣來面對巨蟹才好。但是，水瓶和巨蟹相處時間的長短要依緣分而定，他們的戀愛一般來說不容易一帆風順暢通到底。

水瓶喜歡巨蟹座只要擺出一副無所謂的樣子就可以，他們自然而然會對巨蟹產生一種難以名狀的吸引力。在巨蟹心情不好的時候，水瓶講些簡單的話開導他們，簡直會讓巨蟹佩服不已！所以水瓶要想搞定巨蟹，只是小菜一碟。

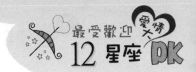

水瓶座＋獅子座

水瓶座與獅子座的組合是屬於互補型的，一旦能夠速配成功就能長久地經營，不會因為一點小事就分開。水瓶與獅子走在一起魅力十足，會讓身旁的人都感受到他們的吸引力，心生艷羨。

水瓶天生的聰慧，要捕捉住一隻獅子的心易如反掌，獅子座絕對是毫無招架之力就乖乖束手就擒。遇到獅子座，水瓶只要保持著文雅又幽默的個性就可以把獅子迷得七葷八素。利用獅子好面子的缺點多多稱讚獅子座，會讓冷靜的獅子座失去理智瞬間對你產生好感，屢試不爽。

與獅子座相處，水瓶座比較強勢。水瓶座冷靜到冷漠，發生了什麼事情獅子座急得跳腳了，水瓶還會像沒事一樣站在一邊等結果。因為這個個性，有什麼事情獅子絕對沒有水瓶看得清楚，加之水瓶的冷血，與水瓶鬥，獅子沒有勝算。

水瓶座＋處女座

水瓶座與處女座差異很大，他們在一起難免產生爭執，但是彼此會充滿吸引力。水瓶與處女有足夠的緣分就會讓兩人的愛情長長久久，抵得過時間的消磨。

水瓶座喜歡上處女座，只要配合處女座神祕的特質把天生的聰明智慧拿出來，就能成為處女的知己。當然，你需要對他

們另眼相看，對他們細心照顧，讓他們情不自禁地把心事都告訴你。等到你真的瞭解了處女座的時候，處女座也離不開你了。這種做法前期投入較大，但是收益亦成正比。

處女座對水瓶座有著恆久的吸引力。處女座比一般人複雜許多，這種神祕感讓水瓶充滿了好奇，總是抱著好奇的心態與之交往，這讓兩個人之間總是有不少的曖昧氣氛。他們的交往是個發現並吸引的過程，足夠新鮮，所以愛情得以保鮮。

💕 水瓶座＋天秤座

不管是才子佳人或美女俊男的配對都有可能出現在水瓶座和天秤座的配對之中，所以這是個非常讓人艷羨的組合。除了兩人相處時沒有如火的激情，水瓶與天秤相處時還是非常融洽的，他們的個性相當相近，所以沒有什麼相處上的問題。

水瓶和天秤速配成功率非常高，主要是因為水瓶又帥又酷又自私——因為天秤座自身沒有這些特性，所以常常找尋這一類的人來崇拜一番。而且在我行我素方面，天秤也要對水瓶甘拜下風，自然對水瓶座多幾分崇拜。

要想吸引天秤的注意對水瓶來說易如反掌。水瓶什麼都不做的時候就像是一座冰山，是天秤最喜歡的類型，讓天秤無法自拔。水瓶要是好好地擺出酷帥的造型並且說出自己獨特的主張，天秤二話不說就會投入水瓶的懷抱。

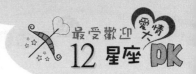
 水瓶座＋天蠍座

　　水瓶和天蠍不管在哪一方面都非常不同，尤其不同的地方剛好犯沖，實在是個不太樂觀的組合。

　　總體來說，這兩個星座是相當勢均力敵，不存在誰比較強的問題，兩個人一樣的固執，翻起臉來絕對是誰也不讓誰。不過細究起來，還是水瓶略勝一籌。水瓶對於冷戰最有心得，而天蠍外冷內熱。水瓶遇到天蠍時，只要擺出自信和高深莫測的微笑自然而然就會引起天蠍的注意力。水瓶座那種冷漠的樣子，能輕易地讓天蠍們升起強烈的挑戰欲。一句話，水瓶的「冷魅力」銳不可擋！水瓶不用花太多力氣就可以牢牢吸引住天蠍座的眼球。

　　水瓶座＋摩羯座

　　很少見到水瓶座和摩羯座的組合。水瓶和摩羯這個組合不多見，他們爭執的時候多，和平的時候少，主要是因為兩個星座在對事情的看法上相差得太多。即使雙方擦出了愛的火花，沒有足夠緣分的支持這份愛情還是不得長久。

　　交往時水瓶會比摩羯強勢，因為水瓶比較放得開，而摩羯座卻老是在憂慮。摩羯非常在乎人們對自己的評價，但是水瓶卻不在乎這些事。兩人交往時，往往是水瓶說了算，摩羯想要說服他們幾乎就是不可能的事。

　　水瓶會對摩羯產生吸引力源自於他們的聰明穩定。水瓶對

凡事都有相當精闢的見解和清楚的思路，所以得以深深吸引摩羯，並得到摩羯們的尊敬。

摩羯與水瓶交往會感覺不安，對摩羯來說水瓶的生活方式過於自由。所以水瓶要讓自己穩重起來才能得到摩羯的信任，進而得到與摩羯來往的機會。

♥ 水瓶座＋射手座

水瓶與射手興趣相同，反應相當，常常都對同樣事情好奇不已，是一個以友情為基礎的星座組合。由於兩人志同道合，難免會日久生情，從朋友升格為情侶。

水瓶座與射手座在一起給人的感覺很速配，不過並不意味著兩個人不會鬧彆扭。水瓶與射手都比較固執，不過如果比兩人的固執程度，還是水瓶座更勝一籌。

因為水瓶一向冷漠地固執到底，所以常會是射手在讓步。而且射手座讓步的原因往往不是出於對水瓶的憐惜，而是太愛惜自己的臉皮而不得不讓步。

水瓶要想搞定射手座可以射手們一起討論指定一個計劃，並且認真研究下如何實施。這種做法會快速增進兩人的感情，讓射手對水瓶日漸傾心。

水瓶天生超人一等的智慧，加上他們對射手座收放自如地控制手腕，足以把射手們調教得服服貼貼。

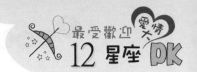
水瓶座＋水瓶座

　　水瓶座與水瓶座做朋友堪稱完美。和其他星座組合一樣，適合做朋友不一定適合做情人。畢竟對兩個愛好自由的人來說，當朋友才是最好的距離，不然在一起老是聚少離多，感情自然而然會淡漠。

　　水瓶與水瓶相遇沒有什麼纏綿悱惻的愛情，合則來不合則去，所有的水瓶都知道這點，所以誰都不會在這種問題上浪費口水。水瓶與水瓶交往也不會有什麼事情好爭吵，相處起來比一般朋友還像朋友，他們還對這種交往方式非常得意，認為這樣既輕鬆又自在。

　　如果說哪些星座分手後「我們是朋友還可以問候」，那麼非水瓶男和水瓶女莫屬。兩人勢均力敵，交往起來沒有什麼強弱之分，而且生活中太多的地方一拍即合，不滿意也挑不出毛病來。所以想要分手了，兩人也不會死纏爛打，分手了還能做朋友。

水瓶座＋雙魚座

　　水瓶座與雙魚座看起來不像一般的情侶，相處方式讓旁人看起來匪夷所思，這主要是兩人對愛情的態度不明確，會形成非常曖昧不明交往方式。所以有星座專家認為水瓶與雙魚是一種另類的愛情模式。

造成曖昧不明的奇怪戀愛態勢的主要責任人是雙魚座，雙魚座在愛情中總是顯得曖昧不明。所以交往起來，水瓶會有更多的優勢，雙魚座屬於弱勢的一方。但是這兩個星座都沒什麼殺傷力，所以就算彼此不合也不會給對方造成多大的傷害。

水瓶與雙魚交往的重點是要有耐心。水瓶要先把雙魚座的個性摸透了，然後順著脾氣投其所好，一步一步引雙魚座上鉤。雙魚座非常喜歡浪漫，對其他星座來說婆婆媽媽的戀愛法對雙魚來說卻是浪漫氛圍十足，曖昧得不得了，也因此雙魚會深深為水瓶著迷。

Love Live

OF THE 12 ZODIAC SIGNS

4

測試篇

你的愛情在哪顆星上

測 試 導 入 語

你的愛情在哪裡？是在現實中，還是在夢幻裡？是與你咫尺天涯，還是近在你的眼前？⋯⋯其實，還有一個地方你一定想像不到，那就是——星星上。

測 試 進 行 時

請由第一題開始作答，依照你所選的答案轉入下一題。

1. 你屬於哪個星座？

A. 天秤座、巨蟹座或金牛座＋15分→第2題

B. 獅子座、天蠍座或摩羯座＋10分→第3題

C. 雙魚座、處女座或雙子座＋15分→第2題

D. 水瓶座、射手座或白羊座＋10分→第3題

2. 你最喜歡去什麼地方旅遊？

　　A. 巴黎＋15分→第5題

　　B. 威尼斯＋5分→第5題

　　C. 維也納＋10分→第6題

3. 你的愛人屬於哪個星座？

　　A. 水瓶、雙子、天秤＋10分→第4題

　　B. 獅子、射手、白羊＋15分→第7題

　　C. 金牛、摩羯、處女＋10分→第4題

　　D. 雙魚、巨蟹、天蠍＋10分→第4題

4. 和他約會吃飯的時候，誰付帳？

　　A. 一直由他付帳＋15分→第8題

　　B. 與他付帳的次數差不多＋10分→第8題

　　C. 他從不付帳－5分→第5題

5. 他給你的意外驚喜通常是？

　　A. 一個吻＋10分→第6題

　　B. 鑽飾＋15分→第9題

　　C. 好像沒有過0分→第6題

6. 你出差到外地，一週內你們通幾次電話？

　　A. 每天通十多次電話＋5分→第7題

　　B. 每天通二三次電話＋10分→第8題

C. 回來才告訴他＋5分→第8題

7. 他和以前的情人接觸，你會有什麼樣的反應？

A. 無所謂＋5分→第9題

B. 不允許出現這種情況＋10分→第10題

C. 問原因表明自己的態度＋15分→第10題

8. 這些好萊塢的男星中，如果讓你選擇，你最願意和誰一起吃飯？

A. 湯姆克魯斯＋10分→第10題

B. 阿諾史瓦辛格＋5分→第11題

C. 李察吉爾＋15分→第11題

9. 在酒吧，你碰到自己最崇拜的偶像，你會怎麼做？

A. 遠遠看著，不走過去打擾＋5分→第10題

B. 衝上前要求他簽名＋10分→第10題

C. 跟蹤他，創造和他見面的機會＋15分→第11題

10. 你心情不好的時候往往會？

A. 用電話向他傾訴＋15分→第11題

B. 和身邊的好友說＋5分→第11題

C. 什麼也不說，和他一起做愛＋10分→第11題

11. 你喜歡讓他牽你的手嗎？

A. 一般＋10分→第12題

B. 喜歡＋15分→第12題

C. 討厭－5分→第13題

12. **如果你給畫家做裸體模特兒擺姿勢，你會選擇哪種
姿勢？**

A. 雙手交叉在胸前＋5分

B. 雙手自然地下垂在大腿兩側＋10分

C. 雙臂舉過頭頂，向前張開＋15分

顯 示 結 果

60分以下：金星

你的愛情還不是特別地成熟，在愛情中，你暫時還沒有學
會主動的技巧，雖然離你心中的愛情夢還有差距，不過，透過
對愛情技巧的學習和對真愛的領悟，你最終會擁有一片屬於自
己的愛情天空。

60～80分：月亮

你的愛情是月亮愛情，在看似平靜的表面下，隨時會有月
光般的詩意流動，你會在愛情中品嘗到甜蜜，有時候也會一個
人躲到一邊去幻想。

你將受到月亮的祝福，走到哪裡，都會是受到很多人追求
的公主，如果你願意拋開一些過於浪漫的想法，月光將會照亮
你的愛情星空，讓你感受到童話般的幸福。

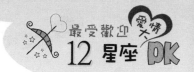

80分以上：太陽

你的愛情擁有著太陽一樣奪目的光彩。明亮溫暖的愛情會像太陽般照亮你的生活，讓你沐浴在愛情的炙熱光芒裡，成為幸運的愛情女王，如果你願意，你可以談一輩子戀愛，你的愛情因為太陽的祝福，將會變得豐富多彩。

十二星座愛情測試

◆ 測 試 導 入 語

　　不同的星座上裝載著不同的愛情祕密，你的星座上裝載著什麼樣的愛情祕密呢？這裡有十二道題，每個星座的問題都不一樣，都反映著它們各自的本質，來試試吧！

◆ 測 試 進 行 時

白羊座

　　希臘神話中，蛇魔女梅杜莎看守的金羊皮如果被你所獲，你會把它放在哪裡？

　　A. 客廳裡

　　B. 隱密的保險箱裡

　　C. 溫馨的臥室內

　　D. 衣櫥裡

金牛座

請憑你的直覺來選擇，黃牛、水牛、乳牛，哪一種牛對人類的貢獻最大？

A. 黃牛

B. 水牛

C. 乳牛

雙子座

在你面前有一對可愛的雙胞胎，如果你是他們的父母，你會為他們穿戴哪一種不同的衣飾來辨認他們呢？

A. 不同顏色的帽子

B. 不同款式的奶嘴

C. 不同顏色的衣服

D. 不同顏色的鞋子

巨蟹座

走進流行的時尚餐廳，奶油螃蟹、清蒸螃蟹、咖哩螃蟹，你最想吃哪一種？

A. 奶油螃蟹

B. 清蒸螃蟹

C. 咖哩螃蟹

獅子座

你認為哪一種獅子王最風光？

A. 擁有眾多傾慕者的獅子王

B. 征戰無數、領土廣大的獅子王

C. 餐餐吃得很飽的獅子王

處女座

你平常比較愛？

A. 嘮嘮叨叨很囉唆

B. 掃把抹布不離身，四周整齊亮晶晶

C. 嗅覺敏感，聞香而至，標準的除臭大師

天秤座

你喜愛哪一種材質的天秤擺飾？

A. 水晶材質

B. 金屬材質

C. 彩色合成塑膠

天蠍座

如果要在腳踝外側刺一隻小蠍子，你希望蠍子的圖形方向是？

A. 頭部朝上，尾巴朝向腳底

B. 頭部朝下

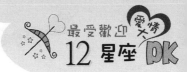

C. 橫著和腳底平行

射手座

射手座的圖騰是人頭馬身，如果讓你選擇，你希望自己的坐騎是什麼顏色的？

A. 白色

B. 黑色

C. 棕黃色

摩羯座

你認為西方魔鬼的圖騰中，最有力量的象徵是？

A. 頭上的角

B. 手上拿的魔鬼叉子

C. 銳利的牙齒

D. 結實糾結的肌肉

水瓶座

最近流行在透明的玻璃瓶裡放置彩色的珠子，憑你的直覺，你喜歡哪一種珠子顏色？

A. 紅色

B. 藍色

C. 黃色

D. 透明色

雙魚座

如果你是水族箱中的魚,你想做什麼魚?

A. 沉在底部的章魚

B. 穿梭在其中的鯊魚

C. 和同伴群聚在一起的小魚

◆ 顯 示 結 果

白羊座

A. 你的微笑和眼神最讓對方傾心,不需太多甜言蜜語,對方就會手到擒來。

B. 你不會放棄學習新的戀愛技巧,也不會錯過偶像劇中的經典情節。

C. 你最大的魅力是體貼,特別重視約會的氣氛和時間的長短。

D. 你很風趣幽默,充滿魅力的肢體語言經常會把異性迷得暈頭轉向。

金牛座

A. 你不夠浪漫,對金錢的精打細算超過對愛情的用心,你認為直接說出「我愛你」就是真愛的表達,可惜對方通常不是這麼認為。

B. 自我膨脹搭配著自怨自艾讓對方有些受不了,你適合和

一些有耐心而又細心的人做朋友。同時也要注意自己的脾氣，雙方共同努力才能相處愉快。

C. 經常陷入自我矛盾的掙扎當中，優柔寡斷是你愛情ＥＱ最需要加強的部分。

雙子座

A. 對方的金錢和社會地位容易征服你，你也會因此而忽略對方其他的優缺點。

B. 選擇對象的條件經常會被家庭和父母的觀念所影響，要真正明白哪一種對象比較適合自己。

C. 容易被對方的甜言蜜語所惑，一開始還以為自己佔了上風，誰知強中更有強中手。

D. 會迷戀對方高超的追求手段，沉迷在被追求的優越感中。

巨蟹座

A. 到離家不遠的郊外去野餐吧！順便帶上自己親手做的點心，或是情侶套餐，你平常壓力大，適時的放鬆能讓你充分地享受美好浪漫的二人世界。

B. 把家裡重新整理一下，點綴時下流行的香薰品，外加一頓小小的燭光晚餐，好好地談談心，能夠在不知不覺中增加你們的感情。

C. 可嘗試有創意的輕鬆風格，別忘了享受一下騎協力車的樂趣，或是乘車到某些從未去過的地方，準備一點不同

的音樂。

獅子座

A. 自戀的人永遠不覺得自己令人討厭，你總是認為自己魅力十足，炙手可熱，卻沒發現這剛好是異性對你最不欣賞的地方。

B. 你無怨無悔地為對方付出，反而會形成一種壓力，讓對方喘不過氣來，當對方和你提出分手時，你的驚訝常常大過悲傷。

C. 你粗心大意和好大喜功的個性讓你不夠體貼，經常忽略對方的感受。你的確付出了許多，但實際上卻不是對方想要的。

處女座

A. 你經常自以為是，覺得自己很厲害，其實只是知道點皮毛而已。如果不注意這一點，你經常會不小心忽略了對方的感受。

B. 你十八般武藝樣樣精通，可惜容易流於形式，好像是一再重播的老電影，記住，簡單一點才是最自然的美。

C. 約會時，周圍的氣氛可能會影響你的心情和感受，所以你的表現不太穩定。

天秤座

A. 高標準的戀人，同樣也高標準要求對方，拒走通俗路線，多少要有點上流社會的味道才能符合你的期望。

B. 你天生喜歡照顧人，所以喜愛被需要的感覺，「全知全能」是你心目中希望成為的戀人風格。

C. 你從不忽略精神上的契合，也有潛力成為對方心靈上的伴侶，既可同享樂也可共患難。

天蠍座

A. 你是一隻有危險性的蠍子，滿腦子都是稀奇古怪的想法。當然你並不希望有一天能夠夢想成真，只是喜歡胡思亂想而已。

B. 你也許是個言語大膽、思想開放的人，經常表現出一副百無禁忌的樣子，但是你的內心其實很保守。

C. 你有潛在的壞因素，但只有碰到合適的對象，才能讓你充分爆發恐怖的狠毒本性。

射手座

A. 你是一個好戀人，但並非一個好的地下戀人，因為你並不喜歡那種曖昧不明、躲躲藏藏的感覺。

B. 如果給你適當可接受的條件，你很有可能成為一個地下戀人。但要你無怨無悔地付出，你卻可能打退堂鼓。

C. 你會傻傻地落入圈套，不知不覺變成別人的地下戀人或

是第三者，小心不要讓有心機的人利用了。

摩羯座

A. 你會用自己的金錢和地位控制自己的另一半，對自己和對方的要求都很高，對方對你不夠好，會讓你覺得很沒面子，你的佔有欲多少是因為自己的虛榮心。

B. 你會用緊迫盯人的行動來施展自己的佔有欲，奪命連環call 是你的標準動作。

C. 你佔有對方是希望對方多體貼你，因為你害怕孤獨寂寞，需要溫柔的安慰。

D. 你的佔有欲偏高，愛恨分明，事實上你是對你自己缺乏肯定，怕對方背叛自己。

水瓶座

A. 你變心的指數偏高，紅色代表著熱情，表示你目前的心態有些飄浮不定，有追求刺激的可能，但一時頭腦發熱的結果，往往是結束得很快。

B. 你的變心指數偏低，藍色代表著冷靜，表示你目前只是耍酷，保持低調就好。

C. 你有變心的可能，因為此刻你愛情友情分不清楚，容易產生曖昧的模糊地帶。

D. 你思想單純，反而容易被騙，即使自己不想變心，也容易被引誘。

雙魚座

A. 你的舊情難忘指數很高，因為你把許多回憶一再美化，使得自己活在美好的悔恨當中，總覺得情人還是舊的好。

B. 表面上你已拋棄傷痛，其實你已經不知不覺地把這段感情轉移到潛意識當中，影響著你現在的愛情觀。

C. 你會藉著工作和其他的朋友轉移注意力，一旦獨處，卻有著形隻影單的落寞和感傷。

星座戀愛致命要穴解析

● 測 試 導 入 語

在戀愛中，每個人都希望自己深愛的人是十全十美的。可是人無完人，每個人都有自己的致命死穴，你想知道自己的致命死穴在哪裡嗎？你想知道你愛人的致命死穴在哪裡嗎？本節測試會讓星座來告訴你。

● 測 試 進 行 時

你屬於哪一個星座？
A. 白羊座
B. 金牛座
C. 雙子座
D. 巨蟹座
E. 獅子座
F. 處女座

G. 天秤座

H. 天蠍座

I. 射手座

J. 摩羯座

K. 水瓶座

L. 雙魚座

顯 示 結 果

選A──致命要穴：

易相信外表老實的人。

即使對方是一隻披著羊皮的狼，可是只要對方看起來忠厚老實，白羊座就會完全相信，即使後來稍有懷疑，可是當對方用無辜的眼神和語氣跟他講話時，他就會覺得自己誤會了對方，常常就會在這種情況下一再被騙。

選B──致命要穴：

把自己搞得像跟屁蟲一樣沒行情。

金牛座一旦陷入愛情就會想時時刻刻跟對方在一起，這會讓他感到很甜蜜，可是久而久之很容易讓對方越來越不在乎他，金牛的行情也會越來越低了。

選C──致命要穴：

因好強而人財兩失。

雙子座很愛面子，談戀愛時只要自己的條件比對方好或者

能力比對方強，他就會把所有的事情和責任一肩扛起，常常因此而面臨到分手時傷心又傷財的地步。

選 D──致命要穴：

選錯人還替對方說話。

巨蟹座一旦愛上一個人，相處久了之後就會把對方當成自己的家人，即使發現對方不適合自己或者有些缺點，但是生性包容的他會不斷地為對方掩飾，為對方說話。

選 E──致命要穴：

根本不知道自己選錯了人。

獅子座在戀愛中就像瞎子一樣，在他的眼中另一半是完美無缺的，這時他早就把當初自己開出的戀愛條件丟到九霄雲外了。

選 F──致命要穴：

挑剔到把好對象嚇跑。

處女座天性吹毛求疵，讓他看上一個對象已經很不容易了，看上之後還要再三地檢驗試驗，他這種用放大鏡挑對象的做法常常會把好對象嚇得退避三舍。

選 G──致命要穴：

委屈自己變成對方喜歡的樣子。

天秤座喜歡圓潤融洽的關係，不過這種關係必須要有人配合才行，在戀愛中天秤座就很配合，只要能夠維持雙方的感

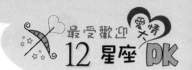

情，天秤座可以把自己變成另一半喜歡的樣子，即使自己再委屈也沒關係。

選H——致命要穴：

一旦相信就全信，寧可被騙。

天蠍座戀愛時感性會佔上風，對另一半非常信任，無論對方說什麼他都會相信，即使外面有人跟他打小報告，他也不為所動。

選I——致命要穴：

只會忍耐，不懂得爭取自己的權益。

射手座愛好自由，因此他也認為要給對方同等的自由，在感情中兩個人是平等的，可是一旦射手座很愛對方時關係就變成不平等了，因為射手座總是那個犧牲、奉獻、付出比較多的人。

選J——致命要穴：

把自己變成奴隸，沖昏頭後馬上後悔。

摩羯座個性低調，在戀愛中不懂得甜言蜜語的他只要對方需要什麼，能做到的話他會全力以赴，也因此常常成為愛情苦命的阿信，即使偶爾會意亂情迷，可是理智大於感性的他會馬上清醒，有時候會讓另一半覺得他實在很不解風情。

選K——致命要穴：

自以為能掌控全局，聰明反被聰明誤。

　　水瓶座自以為可以掌控愛情的進度與溫度，可是愛情這種事情是沒有道理可言的，有時候事情常常在水瓶座的意料之外，太過自信的結果往往是全盤皆輸。

選 L——致命要穴：

自己欺騙自己。

　　雙魚座天性浪漫，有著如夢似幻的愛情觀，沉醉在愛情夢中的他即使發覺某些地方不對勁，也會裝作沒看到，然後當做一切事情都沒發生過，兩人的愛情仍舊像往日那樣美好，因為他只想看自己想要看的。

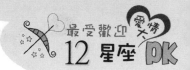
與愛人一起生活時你有什麼致命要害

測 試 導 入 語

同居，好比擲硬幣，不外乎會產生兩種結果——正面是水到渠成地步入神聖的婚姻殿堂，反面是一方（或雙方）臉帶寒霜地就此別過，從此淪為最熟悉的陌生人。很不幸，你和他最終走向了反面。到底你在同居的過程中有什麼錯，使得曾深愛的對方絕情離去，曾許下的諾言如同枯葉一般灑落滿地？

測 試 進 行 時

你和他（她）屬於下列哪一個星座組合？

A. 獅子座和巨蟹座

B. 天秤座和獅子座

C. 水瓶座和金牛座

D. 白羊座和天蠍座

E. 雙魚座和處女座

F. 雙子座和摩羯座

G. 金牛座和射手座

顯 示 結 果

A. 致命要害：經濟狀況困窘。

要害解析：

當窮困時，巨蟹比較釋然，逛街時會去看一些便宜貨，但獅子拉不下面子，顧盼流連，想避開那處小市民哄搶之地。這時巨蟹會犀利地問：「你不喜歡買便宜貨嗎？」獅子被迫低著頭跟著走過去，心裡覺得難堪極了。

巨蟹喜歡說一些自降身價的話，比如說：「保險套都買不起了，乾脆不要親熱算了。」「萬一懷孕的話還沒錢能處理」。巨蟹喜歡在家數著僅有的幾張鈔票，說：「下個月就指望你們啦！」巨蟹這一切自然的行動都讓獅子坐立不安。

不吐不快：

巨蟹：一分錢就要有一分錢的花法。

獅子：活到現在，這段日子是我最丟臉的時候。

善意提醒：

給巨蟹的話：錢是賺來的，不是省出來的，節流不如開源！

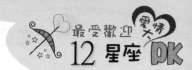

給獅子的話：別光羞愧，趕緊想一個賺錢的主意吧！

● B. 致命要害：喪失自我。

要害解析：

獅子對天秤說：「我不喜歡用香水，你也不要用；我喜歡休閒服，出門時你最好和我穿相同風格的，比較搭調；你不要換工作，我喜歡你現在的工作；你要減肥，我不喜歡看到你胖的樣子……」

天秤想，生活細節是小事，打扮說穿了也是讓獅子看了開心的，換了工作的結果未必就比現在好，長胖實在不是好現象……因此天秤一概答應下來。最終，獅子從天秤的所作所為中，斷定天秤做事情沒有自己的想法，並且認定天秤在職場上也一定是個小人物，被人牽著鼻子走，是個沒出息的傢伙。

獅子很委屈：「你都是個軟柿子了，如果我也是個軟柿子，那我們不是被外人笑死了！」

不吐不快：

獅子：我外表強悍，那是因為我身邊沒有強悍的人給我依靠。其實我很需要一個可以依靠的對象。

天秤：只要你開心，我什麼都願意為你做！

善意提醒：

給獅子的話：多做做換位思考，替對方想想吧！

給天秤的話：愛不是盲從，你要有自己的想法。

● C. 致命要害：太過以自我為中心。

要害解析：

水瓶的個性十分狂妄，脾氣臭，妄自尊大，總有自己的一套大道理，常常把另一半當做空氣。水瓶想和誰吃飯就和誰吃飯，想跳槽就跳槽，給異性送生日禮物也是振振有詞，比如：「他（她）曾經在我有困難時幫助過我。」「這是必要的社交禮貌，我以後還會常常這麼做的！」

嫌金牛煩了就打著「需要空間」的旗號大搖大擺地離去幾日。以追求一個安穩小家為畢生理想的金牛忍氣吞聲，只恨上天無眼，恨得眼珠子都要滴出血來。

不吐不快：

水瓶：我只不過希望在我短短數十載人生裡做我想做的事。

金牛：我實在忍不下去了，愛的犧牲不應該是單方面的。

善意提醒：

給水瓶的話：是不是每個異性都能忍受你這樣？如果不是，那麼是你有問題。

給金牛的話：要麼改變水瓶座，要麼改變你自己去適應水瓶座。

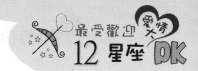
D. 致命要害：縱欲過度。

要害解析：

白羊和天蠍簡直是一個天雷一個地火，相愛時他們隨時隨地都能盡興，比如在客廳的沙發、年久失修的倉庫……但是性欲這東西，過於頻繁地滿足它，招之即來得好像肚子餓了就要吃飯一樣簡單，顯然是不對勁的。

你看，白羊直挺挺躺著，疲憊的想著難道人生就是吃了做、做了睡、睡了做、做了再吃……這樣一個循環往復的過程？天蠍背對著白羊躺著，空虛地想著自己對這個世界的索取僅僅止於身體慾望的滿足，除了白羊的身體，白羊的其他自己一概不瞭解，激情既然無法永續，那麼激情之後是否就是無法逆轉的分離？

不吐不快：

白羊：我精力過剩無處發洩。

天蠍：畢竟性與愛是相輔相成的……

善意提醒：

給白羊的話：把多餘的精力用到球場上或是健身房裡吧！這樣你會更健康一些。

給天蠍的話：對方提出的要求，不一定要全盤滿足，要學會以退為進。

● E. 致命要害：猜忌引發不忠。

要害解析：

處女天生勞碌命，加班晚歸是家常便飯，再加上業績壓力，因此處女總是人前馬後地跟著主管，唯恐一不留神被老闆炒了魷魚。當處女不回家，手機又處於關機狀態時，雙魚就開始瞎猜了：如果他（她）的手機沒電，那他（她）當初是不是故意不帶行動電源，如果是有意關機，那麼他（她）和誰在一起。雙魚的想像力是瘋狂的，能夠想像到處女和別的異性在床上纏綿的情景，以致絕望得想要自殺。而對抗一個不忠戀人的最佳方式不外乎是變本加厲的不忠。精神出軌的下一步即是行為出軌，這個時候，虛情假意地再去維護當初這份感情，已經沒有意義了。

不吐不快：

處女：真是冤枉死了，我辛辛苦苦都為了這個家……
雙魚：我快要瘋了，我必須自救。

善意提醒：

給處女的話：你有必要不時地抽出時間去照顧戀人的情緒，否則戀人跑了你再去找個新的，更加耗費時間和精力。

給雙魚的話：你是否設想過，往後你的每一次戀愛，都要這樣自救嗎？

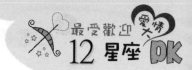

● **F. 致命要害：好吃懶做。**

要害解析：

雙子的勤快都用在外頭了，回到家裡就像個失去操控者的木偶人，散了架一般倒在沙發上。雙子捧著一本時尚雜誌在看，聲稱日子太平淡，需要從時尚潮流裡源源不斷地挖出過日子的絕妙靈感才行。辛苦工作一整天的摩羯從市場拎著新鮮食物回到家裡，還要負責洗、燒和飯後的收拾工作。

他（她）甭指望雙子會幫忙打理這個家，雙子生怕做家務習慣成自然，在朋友圈裡被嘲笑成家庭主婦（夫），所以雙子看到洗衣機裡脫過水的衣服都不會去把它們晾起來，垃圾桶滿了、臭了都想不到要拿出門去。滿腹大志向的摩羯活得既像雙子的爹媽又像保姆，覺得所託非人，青春時光已被耽誤。

不吐不快：

雙子：你可以拋開家務的束縛，像我一樣過著自己想過的生活。

摩羯：我也有過夢想！如今滿面疲憊，我為了誰？

善意提醒：

給雙子的話：如果大家都過著自己想過的生活，那麼你一定不能繼續再過著你想過的生活。

給摩羯的話：充實自己、去追求更好的生活，比含辛茹苦地操持家務來得更為重要。

● G. 致命要害：熟悉而告別一切浪漫。

要害解析：

相處久了，金牛小氣的本性就露出來了，比如買衣服一定要買打折的，在外吃飯一定要點當日特價餐點，買水果一定要在晚上七點後買半價促銷的。射手表面隨和，其實心裡很不爽，因為身邊的金牛把精神全花在尋找便宜貨上了。在情人節，金牛會態度平淡地問：「你要巧克力嗎？我下班回來看到某某商場在賣，你要的話我現在就去買。」

不吐不快：

金牛：既然以後要在一起過日子，就沒必要鋪張浪費。

射手：我就看不慣他（她）小氣的樣子，這種生活太乏味了。

善意提醒：

給金牛的話：大方點，或許更能顯示你的豁然大度，也更能抓住他（她）的心。

給射手的話：說出來，對他（她）有什麼意見先提為快，只有這樣，你們才能在相互理解中融洽相處。

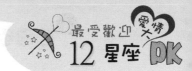

十二星女時尚開運手機

◆ 測 試 導 入 語

　　女人天生就是星座理論的膜拜者，即使不是這樣，星座也的確在影響著我們的情緒。手機美眉若能稍稍用一點心思在它的外殼上，也許收穫的就不止是好心情，更有好時運。

◆ 測 試 進 行 時

　　妳屬於哪一個星座？

A. 白羊座

B. 金牛座

C. 雙子座

D. 巨蟹座

E. 獅子座

F. 處女座

G. 天秤座

H. 天蠍座

I. 射手座

J. 摩羯座

K. 水瓶座

L. 雙魚座

顯 示 結 果

選A──手機開運色：金色

白羊美眉是天生的勇士，面對困難絕不退縮。喜歡浪漫氣氛的白羊美眉，只要出現就充滿快樂，可是有時又會毫無節制地舉辦派對。金色可以緩和白羊美眉們火爆的個性，令異性覺得更加可愛。

選B──手機開運色：黑色

金牛美眉並非外人想像的那麼老實，她們也有困惑的一面。她們的安全感全來自金錢，錢越多越覺得安心。

黑色的手機最符合她們的口味，因為她們認為手機只求實用，外表並不重要，所以會吸引到懂得欣賞內在美的異性。

選C──手機開運色：銀色

雙子美眉天生愛玩，對任何事物都充滿興趣，一刻都不能安靜下來。她們擁有雙重性格，有時怕出風頭，有時又怕太招搖，所以手機選擇華而實用的銀色最適合不過，更有機會遇到多「銀」伴侶。

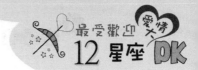

選 D——手機開運色：綠色

巨蟹美眉個性溫和，情緒易受外界事物的影響而波動，不少人把她們當做知己好友。

巨蟹美眉最大的問題是把心事深藏心底，因此多適宜用綠色。綠色的手機能打開心窗，使人不再沉溺於過去，與愛人的關係自然有突破性進展。

選 E——手機開運色：艷紅

擁有如太陽般火熱生命的獅子美眉，與生俱來的色彩自然是艷紅。紅色的機身令獅子美眉更有戰鬥力，心儀對象必定逃不過她們的手心。不過要注意自己有時可能太過霸道，令愛人透不過氣來。

選 F——手機開運色：白色

處女美眉追求完美，不承認自己的缺點，用「執著」兩個字形容絕對沒錯，所以處女美眉最需要的是白色。

使用白色手機並非代表純潔無瑕，而是對坦白的寬恕，有能力面對真實的自我，在與愛人的角力賽中不再擔當失敗者。

選 G——手機開運色：黃色

天秤美眉外表專一，其實很花心，為了追逐潮流而時時變換手機型號，目的只為從別人那裡得到艷羨的目光。

天秤美眉對己對人有很高的要求，整天挑三揀四，手機顏色最宜用黃色，可製造多些快樂，使生活更和諧。

選 H——手機開運色：紫色

天蠍美眉腦袋轉得特別快，一瞬間就能湧現千百個念頭。浪漫的紫色令天蠍美眉最覺安心，選擇紫色外殼的手機不但增添貴氣，更讓人產生一種高深莫測、富有魅力的觀感。

選 I——手機開運色：粉色

喜歡四處遊走猶如浪子般的射手美眉，天生適合柔和的粉色。射手美眉愛和大自然結合，認為粉色是能與大地融合的色彩，因此挑選粉色外殼的手機，能幫助射手美眉們找到志同道合的愛人。

選 J——手機開運色：橙色

摩羯美眉保守又傳統，凡事講求實際，但又害怕被孤立，所以溫暖而不耀目的橙色正是摩羯美眉的色彩。

選擇橙色手機不但有助愛情運，思考與學習能力也會有進一步的提升。

選 K——手機開運色：混合色

混合色的範圍很廣泛，包括：紅配藍、黃配黑、迷彩綠等，總之機殼多於兩種主色，都歸入混合色。使用這種顏色，水瓶美眉有機會因「高科技」而認識有緣的對象。

選 L——手機開運色：藍色

藍色屬於沉鬱的顏色，本來不適合多愁善感的人，不過搭

配具有憂鬱美的雙魚美眉，卻產生「負負得正」的效果。多用
藍色手機，可找到內心真正的快樂，心靈得到慰藉後，這份平
靜的美態更能吸引異性的注目。

誰是你的星座好朋友

♪ 測試導入語

正如人與人之間有很大的不同一樣，星座與星座之間也會有很大的不同。你和這個星座的人「仇人相見，分外眼紅」，和那個星座的人就有可能彼此「相見恨晚」，所以，星座與星座之間也講究一種緣分。那麼，和你有緣分的星座是哪一個呢？誰會是你的星座好朋友呢？

♪ 測試進行時

A=0分；B=3分；C=5分

1. 桌子上有一杯飲料，你覺得是什麼顏色的？

A. 橙色

B. 藍色

C. 綠色

2. 你會在放飲料的那張桌子上再放些什麼呢？

A. 食物

B. 花

C. 玩具

3. 如果你看見一個女孩一邊看手錶一邊等人，你覺得她在等誰？

A. 家人

B. 男朋友

C. 一群朋友

4. 有一個女孩躺在草地上，你覺得她在做什麼？

A. 睡覺

B. 看著天上的浮雲

C. 發呆

5. 街上有一個很漂亮的星座餐廳，你覺得裡面賣什麼食物？

A. 中式餐點

B. 義大利餐

C. 歐式自助餐

6. 你覺得一份金牛座大餐的價位如何？

A. 500元以下

B. 1000元以上

C. 500～1000元

7. 房間的音響裡正好放著好聽的音樂，你認為是哪種類型？

A. 古典樂

B. 流行樂

C. 搖滾樂

8. 你覺得放著好聽音樂的房間是誰的？

A. 爸爸媽媽的

B. 哥哥的

C. 妹妹的

顯 示 結 果

9分以下——

● **星座好朋友：個性耿直的人。**

（金牛座、處女座、摩羯座）

做事一板一眼的你喜歡和正直的人做朋友，雖然你們很少攜手同遊，很少有言語的交流，但在彼此有困難時卻能夠鼎力相助。你雖然不善交際，但你的真誠與不做作卻能贏得個性直率者的友誼，好朋友雖不多卻都很知心。

由於你的脾氣不是很好，所以若和朋友發生衝突時千萬別

當場吵，等彼此冷靜一點再就問題討論會比較好。

10～20分——

● 星座好朋友：心思細膩的人。

（巨蟹座、天蠍座、雙魚座）

你非常在乎別人的想法，所以別人的一言一行都會對你產生很大的影響，因此你需要一個心思細膩的朋友。他們能在你失意時拉你一把，能在你歡樂時分享你的喜悅，這樣的朋友真的非常難能可貴。

如果你的身邊有這樣一個好朋友，千萬要多花點時間跟他相處，這樣一來，你們的友誼之花一定能夠常開。

21～30分——

● 星座好朋友：聰明伶俐的人。

（雙子座、天秤座、水瓶座）

你喜歡和聰明伶俐的人做朋友，因為思路靈活的你需要一個能夠迅速理解你想法的朋友。你們的對話常常圍繞著時事與流行進行，因為你們瞭解的知識範圍都很廣，所以常能從對方身上學習到許多新知識。

你們常就某件事情交流，所以你們的許多價值觀非常類似，這種契合更讓你們覺得彼此的可貴，進而使你們之間的友誼更加深厚。

31分以上——

● 星座好朋友：活潑開朗的人。

（白羊座、獅子座、射手座）

你喜歡和活潑開朗的人做朋友，你一向沒有心機，喜歡毫無保留地把自己的祕密說給對方聽，你能夠徹底打開心胸與對方做朋友，而不用擔心對方會出賣你。

個性活潑的你總有用不完的精力，常常和朋友相約出遊，所以很多風景名勝之地都留下了你們美好的回憶。這樣的友誼讓你們彼此都感到很自在，就算有一段時間沒有見面，再聚時也絲毫不覺得生疏。

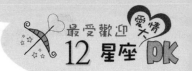

你的第二星座是什麼

也許你經常會有這樣的疑問：「我感覺自己不太像這個星座的人」，其實，那是你的第二星座在「作怪」。如果你的第二星座與你的原屬星座相吻合，說明你確實是那個原屬星座的人。否則，即是受了你第二星座的影響。現在，你一定很想知道自己的第二星座是什麼吧？那就快做做下面這個測試來檢測一下吧！

開始：你喜歡歐美的裝飾品還是亞洲的裝飾品？

A. 歐美→第13題

B. 亞洲→第1題

1. 你喜歡下列哪一種髮型？

A. 露出耳朵→第9題

B. 遮住耳朵→第3題

2. 在 KTV 中唱歌時，你是哪一種類型的人？

A. 第一個唱歌的人→第7題

B. 大家輪著唱→第3題

3. 在下雨天你比較喜歡哪種顏色的傘？

A. 黃色→第4題

B. 藍色→第5題

4. 上課傳紙條掉了！你會？

A. 趕快撿起來→E

B. 希望老師不會發現→J

5. 打電話一直打不通，你會？

A. 打到通為止→L

B. 試別的辦法→F

6. 你說話時是不是有摸臉的習慣？

A. 是→H

B. 不是→I

7. 牛仔褲和裙子，哪種比較常穿？

A. 牛仔褲→第8題

B. 裙子→第6題

8. 你比較喜歡養哪種寵物？

A. 狗→G

B. 貓→H

9. 你比較喜歡哪一種款式的禮服？

A. 傳統正式的→第10題

B. 華麗性感的→第18題

10. 到郊外旅遊時，你喜歡去哪裡？

A. 山上→第11題

B. 海邊→第12題

11. 吃自助餐時，你會？

A. 只吃喜歡的→K

B. 每一種都吃→F

12. 你的笑聲比較接近哪一種？

A. 聲音不大，但感覺全身都在笑的樣子→F

B. 大聲地笑→E

13. 若要防口臭，你會吃哪種東西？

A. 口香糖→第16題

B. 水果→第14題

14. 你是不是想買的東西就一定會買？

A. 是→第7題

B. 不是→第15題

15. 你喜歡做串珠手鍊等手工藝嗎？

A. 喜歡→D

B. 不喜歡→G

16. 你比較喜歡照相，還是喜歡被照？

A. 照相→第18題

B. 被照→第17題

17. 逛街時，好朋友如果建議你買衣服，你會怎麼做？

A. 買→J

B. 拒絕→D

18. 在校期間，你覺得英語和數學哪一科好學？

A. 英語→第20

B. 數學→第19

19. 感覺無聊時你會做什麼？

A. 看電影→A

B. 找好朋友→B

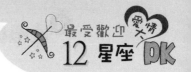

20. 男友的牙齒縫中有青菜，你會怎麼做？

A. 告訴他→B

B. 裝沒看見→C

顯 示 結 果

你的第二星座是：

A. 你的第二星座是天蠍座

B. 你的第二星座是白羊座

C. 你的第二星座是雙魚座

D. 你的第二星座是獅子座

E. 你的第二星座是水瓶座

F. 你的第二星座是雙子座

G. 你的第二星座是射手座

H. 你的第二星座是巨蟹座

I. 你的第二星座是天秤座

J. 你的第二星座是摩羯座

K. 你的第二星座是處女座

L. 你的第二星座是金牛座

你是不是一個有著
雙重性格的人

● 測 試 導 入 語

　　性格是人的一面鏡子，但有的時候，這個鏡子並不能照出我們真實的自己。因為，我們大多數人都有另一面，也就是第二類性格。你是不是一個有著雙重性格的人？你的第二類性格是什麼樣的？進入下面的星座測試，讓你的星座來告訴你這個隱藏在你身上的祕密吧！

● 測 試 進 行 時

1. 你屬於下列哪一個星座？

　　A. 摩羯座、水瓶座、巨蟹座或雙子座

　　→第2題

　　B. 金牛座、射手座、獅子座或處女座

→第3題

C. 天蠍座、雙魚座、白羊座或天秤座

→第4題

2. 你是不是一個健談的人？

A. 是→第3題

B. 否→第4題

3. 家人和朋友，你比較喜歡跟誰在一起？

A. 家人→第4題

B. 朋友→第6題

4. 你想不想自己創業？

A. 想→第5題

B. 不想→第7題

5. 看電影時出現床上親熱鏡頭，你會感到不雅觀嗎？

A. 會→第6題

B. 不會→第7題

C. 若不是三級電影便不會→第8題

6. 你覺得時間過得很快嗎？

A. 是→第9題

B. 否→第8題

7. 你最憎惡的是下列哪一樣？

　A. 戰爭→第8題

　B. 不滿意的工作→第9題

　C. 不滿意的家庭生活→第10題

8. 你認為你的來自不同圈子的朋友能愉快地聚會嗎？

　A. 能夠→B

　B. 不能夠→第10題

9. 你會為名利權位，刻意討好上司或朋友嗎？

　A. 是→A

　B. 否→B

10. 你認為朋友比家人更重要嗎？

　A. 是→D

　B. 否→C

▸ 顯 示 結 果

選A：

　你是一個有著雙重性格的人。你在某些人面前表露你的一種性格特質，在另一個環境或場合中表露另一種性格。你很有心機，而且計劃周詳，以致別人對你感到難以揣測。

選B：

你是一個有著雙重性格的人。你懂得在不同的場合和不同的生活圈子中表露最合適的一面，但不會過分矯揉造作。事實上，你不會為了討好別人而刻意地收藏或誇張自己的特質。

選C：

你不是一個有雙重性格的人。你不會為了討好別人，或為了遷就場合環境而刻意表露某種性格。也不懂得「人前講一套，背後做一套」和「笑裡藏刀」等伎倆，是一個十分率直誠實的人。

選D：

你不是一個有雙重性格的人。你的過分率直，常令人感到你可愛和易於親近；對於朋友，你絕對是個有義氣、助人後不會計較的人。不過，你卻要小心別人會反過來欺騙你。

永續圖書
線上購物網

www.foreverbooks.com.tw

◆ 加入會員即享活動及會員折扣。

◆ 每月均有優惠活動,期期不同。

◆ 新加入會員三天內訂購書籍不限本數金額,

  即贈送精選書籍一本。(依網站標示為主)

專業圖書發行、書局經銷、圖書出版

永續圖書總代理:

五觀藝術出版社、培育文化、棋茵出版社、大拓文化、讀

品文化、雅典文化、知音人文化、手藝家出版社、璞申文

化、智學堂文化、語言鳥文化

活動期內,永續圖書將保留變更或終止該活動之權利及最終決定權。

▶ 最受歡迎 12 星座愛情大 PK　　　　　　（讀品讀者回函卡）

■ 謝謝您購買這本書，請詳細填寫本卡各欄後寄回，我們每月將抽選一百名回函讀者寄出精美禮物，並享有生日當月購書優惠！
想知道更多更即時的消息，請搜尋 "永續圖書粉絲團"

■ 您也可以使用傳真或是掃描圖檔寄回公司信箱，謝謝。
傳真電話：（02）8647-3660　　信箱：yungjiuh@ms45.hinet.net

◆ 姓名：＿＿＿＿＿＿＿＿＿＿＿　□男 □女　　□單身 □已婚

◆ 生日：＿＿＿＿＿＿＿＿＿＿＿　□非會員　　□已是會員

◆ E-mail：＿＿＿＿＿＿＿＿＿＿　電話：（　）＿＿＿＿＿

◆ 地址：＿＿＿＿＿＿＿＿＿＿＿＿＿＿＿＿＿＿＿＿＿＿＿

◆ 學歷：□高中以下 □專科或大學 □研究所以上 □其他＿＿＿

◆ 職業：□學生　□資訊　□製造　□行銷　□服務　□金融
　　　　□傳播　□公教　□軍警　□自由　□家管　□其他＿＿＿

◆ 閱讀嗜好：□兩性　□心理　□勵志　□傳記　□文學　□健康
　　　　　　□財經　□企管　□行銷　□休閒　□小說　□其他

◆ 您平均一年購書：□ 5本以下 □ 6～10本　□ 11～20本
　　　　　　　　　　□21～30本以下　□ 30本以上

◆ 購買此書的金額：＿＿＿＿＿＿＿

◆ 購自：□連鎖書店　□一般書局　□量販店　□超商　□書展
　　　　□郵購　　　□網路訂購　□其他

◆ 您購買此書的原因：□書名 □作者 □內容 □封面
　　　　　　　　　　　□版面設計 □其他

◆ 建議改進：□內容　□封面　□版面設計　□其他＿＿＿＿
　　您的建議：

<table>
<tr><td colspan="2" align="center">廣 告 回 信</td></tr>
<tr><td colspan="2" align="center">基隆郵局登記證</td></tr>
<tr><td colspan="2" align="center">基隆廣字第 55 號</td></tr>
</table>

2 2 1 0 3

新北市汐止區大同路三段 194 號 9 樓之 1

讀品文化事業有限公司　收

電話/(02)8647-3663　　　傳真/(02)8647-3660

劃撥帳號/18669219　　　永續圖書有限公司

讀好書品嚐人生的美味

最受歡迎 12 星座愛情大 PK